NOTICE

SUR LA

BIBLIOTHÈQUE NATIONALE

NOTICE

SUR LA

BIBLIOTHÈQUE NATIONALE

PAR

CAMILLE COUDERC
Attaché au département des Manuscrits.

(Extrait de la Grande Encyclopédie)

PARIS
H. LAMIRAULT & Cie, ÉDITEURS
61, RUE DE RENNES, 61

1888

NOTICE

SUR LA

BIBLIOTHÈQUE NATIONALE

I. HISTOIRE.

La Bibliothèque nationale a changé de nom avec les différents régimes. Elle a été appelée tour à tour Bibliothèque du roi ou royale, Bibliothèque impériale et Bibliothèque nationale. Elle a été longtemps la bibliothèque personnelle des rois de France avant de devenir un dépôt public mis au service des savants de tous les pays.

Pépin le Bref est le premier de nos rois qui ait, semble-t-il, possédé un certain nombre de manuscrits. Nous voyons le pape Paul Ier lui annoncer dans une lettre l'envoi de plusieurs ouvrages. Charlemagne forma à Aix-la-Chapelle une bibliothèque qui paraît avoir été très considérable pour l'époque. Il eut à sa cour un atelier de copistes d'où sortirent de nombreux volumes. Les uns furent gardés pour le service de l'école du palais ou pour l'usage des membres de la famille impériale, les autres furent donnés à différents monastères. C'est de Charlemagne que viennent l'évangéliaire écrit en 781 ou 782 par Godescalc, conservé à la Bibl. nat. sous le nº 1993 des nouvelles acquisitions latines et le psautier copié par Dagulf qui est aujourd'hui à la bibliothèque de Vienne. A sa mort tous les livres qu'il avait réunis furent dispersés ; il avait donné l'ordre de les vendre et d'en distribuer le prix aux pauvres. Louis le Pieux fit aussi une collection de manuscrits, mais elle ne semble pas avoir eu grande importance. L'évangéliaire qu'il envoya à l'abbaye de Saint-Médard de Soissons est conservé aujourd'hui sous le n° 8850 du fonds latin. Le manuscrit latin 9575 contient un commentaire sur la Genèse qu'il avait fait copier en 811 à Chasseneuil en Poitou. Il nous reste de Charles le Chauve deux Bibles (fonds latin 1 et 2), un livre de prières (fonds latin 1152) et des évangiles (bibliothèque de Munich) qui sont cités depuis longtemps comme les plus beaux spécimens de la calligraphie du IXe siècle.

Il faut ensuite descendre jusqu'à saint Louis pour trouver, sur les livres possédés par les rois de France, des renseignements qui méritent d'être notés. Les témoignages de Geoffroy de Beaulieu et du confesseur de la reine Marguerite sont tout à fait explicites. Louis IX avait réuni et fait placer dans une pièce de la Sainte-Chapelle une véritable bibliothèque. Il y venait quelquefois travailler lui-même et y laissait entrer volontiers les savants ou les religieux qui lui en faisaient la demande. Il légua en mourant ses manuscrits à quatre communautés religieuses. Nous citerons, parmi les volumes de saint Louis qui nous restent, un psautier qui, après avoir appartenu à Charles V et à Charles VI, était passé au couvent de Poissy et de là en Russie, et nous a été rendu, sous la Restauration, par le prince Galitzin. Il porte le n° 10525 du fonds latin.

Les premiers successeurs de saint Louis ne montrèrent pas pour les livres le même goût que lui. Différents ouvrages leur furent bien dédiés, mais ils ne semblent pas avoir songé à faire de collection sérieuse. Le roi Jean témoigna toujours beaucoup de goût pour les livres. Il s'en occupa même pendant sa captivité. Il avait avec lui, en 1356, à la bataille de Poitiers, une Bible historiale qui est aujourd'hui au Musée britannique et le livre des Miracles de Notre-Dame de Gautier de Coincy qui est maintenant au séminaire de Soissons. C'est Charles V néanmoins qui doit être considéré comme le véritable fondateur de la Bibliothèque du roi. Il est le premier en effet à avoir organisé une bibliothèque, non plus seulement pour satisfaire ses goûts personnels mais pour fournir aux savants des moyens de travail. Voici ce qu'en dit Christine de Pisan qui avait pu la voir à plusieurs reprises. « Ne dirons-nous encore de la sagece du roy Charles, la grant amour qu'il avait à l'estude et à science? Et qu'il soit ainsi, bien le remontroit par la belle assemblée de notables livres et belle librairie qu'il avoit de tous les plus notables volumes qui par souverains auteurs aient esté compilés ». Charles V ne se contenta pas d'acheter ou de faire copier les livres qui étaient alors les plus appréciés, il en fit traduire d'autres « pour l'utilité du roiaume et de toute la chrestienté ». Les plus célèbres des traducteurs qu'il employa furent Denis Foulechat, Jacques Bauchant, Jean Goulain, Nicolas Orême et Raoul de Presles. En 1367 ou 1368, il fit porter ses livres du palais de l'île de la Cité à la tour de la Fauconnerie, au Louvre, et les y installa dans trois pièces qu'il avait fait soigneusement préparer. Gilles Malet, son valet de chambre, à qui il en avait confié la garde, en dressa l'inventaire en 1373. Jean Blanchet en fit le récolement en nov. 1380, sur l'ordre du duc de Bourgogne. Après la mort de Gilles Malet, survenue en janv. 1411, Jean Le Bègue, greffier de la Chambre des comptes, fut chargé d'en dresser un nouvel inventaire. Le travail fut fait, en très grande partie, sinon en entier, par Oudart Boschot, comme le prouve une pièce que M. G. Raynaud vient de publier. M. L. Delisle a réimprimé ces inventaires, mal publiés par Van Praet, et dressé, en combinant les renseignements qu'ils fournissent, une liste méthodique des livres dont se composait la bibliothèque de Charles V. Nous trouvons la signature de ce prince sur plusieurs des manuscrits que nous possédons de lui et en particulier sur les manuscrits 437, 1064 et 5707 du fonds français. Une bande tricolore sert d'encadrement aux miniatures d'un grand nombre de manuscrits exécutés pour lui. Cette belle bibliothèque ne subsista pas longtemps dans son intégrité. Elle fut pour ainsi dire mise au pillage par les différents membres de la famille royale. On allait y prendre « comme dans un magasin commun » tous les volumes à sa convenance et l'on ne se donnait pas la peine de les y réintégrer. Charles VI lui-même se rendit coupable d'une pareille négligence. Il tira de sa librairie, pour son usage personnel, différents ouvrages qu'il n'y fit jamais remettre. En avr. 1424, trois libraires furent chargés d'estimer ce qui restait de cette collection. Elle fut achetée par le duc de Bedford qui en prit définitivement possession le 22 juin 1425. Elle resta à peu près intacte, semble-t-il, entre les mains de ce nouveau propriétaire, mais elle fut dispersée en 1435 après la mort du duc. Il ne subsite peut-être pas aujourd'hui, de l'avis de M. Delisle, l'homme le plus compétent qu'on puisse citer en pareille matière, la vingtième partie des 1,200 volumes qui composaient la librairie du Louvre.

Louis duc d'Anjou et surtout Jean duc de Berry, dont le goût était si délicat, formèrent dans leurs châteaux, à l'exemple de leur frère Charles V, des librairies dont les débris vinrent, après un temps plus ou moins long, enrichir la Bibliothèque du roi. La collection de livres formée aussi par Philippe le Hardi, duc de Bourgogne, et considérablement augmentée par ses successeurs, est devenue le noyau de la bibliothèque de Bruxelles. Charles VII ne fit presque rien pour reconstituer la librairie du Louvre. Louis XI n'y mit pas beaucoup plus de soin. Il ne fit pas d'acquisition importante et ne profita pas, comme il aurait pu le faire, des excellentes occasions que les événements lui fournirent. Ainsi il ne sut presque rien tirer des collections qui furent mises entre ses mains, en 1469 par l'arrestation du cardinal Balue, en 1472 par la mort de Charles, duc de Guyenne, et en 1477 par la condamnation de Jacques d'Armagnac, duc de Nemours. Nous devons toutefois reconnaître qu'il donna des encouragements à des traducteurs, à des copistes et à des enlumineurs. Le célèbre Jean Fouquet de Tours travailla pour lui. Charles VIII n'augmenta que dans une faible mesure la collection de livres laissée par son père. Il rapporta d'Italie quelques manuscrits de la bibliothèque des rois de Naples, mais non les plus précieux, comme on l'a souvent dit. C'est pourtant la collection de Charles VIII qui devait constituer le véritable noyau de la Bibliothèque nationale. Louis XII la fit porter à Blois et la réunit à la précieuse bibliothèque qui avait été formée dans ce château par son aïeul Louis d'Orléans, fils de Charles V, et par son père Charles d'Orléans le poète bien connu. En 1499 ou 1500 il s'appropria la riche collection de livres que les ducs de Milan avaient réunie dans leur château de Pavie. C'est en même temps sans doute qu'il apporta en France un certain nombre de volumes de la bibliothèque de Pétrarque. La célèbre collection de Louis de Bruges, seigneur de la Gruthuyse, vint aussi se fondre presque tout entière dans la bibliothèque de Blois, mais on ne sait pas comment Louis XII s'en rendit possesseur. On ignore aussi « pourquoi les gens du roi qui avaient scrupuleusement respecté les insignes des ducs de Milan dans les manuscrits rapportés de Pavie voulurent dissimuler l'origine des volumes qui avaient appartenu à Louis de Bruges. » Van Praet a pu retrouver, à la Bibliothèque nationale, 150 volumes de cette collection. Nous ne voulons pas quitter le règne de Louis XII sans signaler les beaux manuscrits qui furent offerts à Anne de Bretagne ou exécutés par ses ordres. Son livre d'heures conservé aujourd'hui sous le n° 9474 du fonds latin (grande réserve) est un chef-d'œuvre de calligraphie et de peinture.

François Ier réunit à la Bibliothèque du roi, en arrivant au trône, celle que son aïeul Jean le Bon et son père Charles d'Angoulême avaient formée avec tant de soin. Louise de Savoie, qui avait veillé sur son éducation avec une attention, qu'on n'a pas toujours assez remarquée, avait fait naître chez lui et développé de bonne heure un goût très vif pour la littérature et les arts. Il n'y a pas à s'étonner après cela du zèle que mit François Ier à faire rechercher des livres tant en France qu'à l'étranger, pour augmenter sa collection. Il établit à Fontainebleau une librairie destinée plus particulièrement aux manuscrits grecs. C'est le 22 mai 1544 seulement qu'il ordonna d'y transférer les 1890 volumes de la bibliothèque de Blois. Il y avait déjà fait mettre en 1523, à la suite de la confiscation des biens du connétable de Bourbon, les livres que cette famille avait, depuis deux siècles, réunis au château de Moulins. La Bibliothèque du roi fut dès lors l'une des plus riches de l'Europe. On cessa peu à peu de la considérer comme le bien personnel du prince et elle devint insensiblement un établissement public ouvert aux recherches de tous les savants. C'est à François Ier qu'on peut faire remonter l'institution du dépôt légal dont nous aurons à parler un peu plus loin. La charge de maître de la librairie fut créée en faveur de Guillaume Budé ; les gardes de la librairie et les libraires attachés à l'administration de la Bibliothèque étaient placés sous ses ordres. La reliure entrait dans les attributions du libraire. Etienne Roffet dit le Faulcheur était « relieur ordinaire du roi ». C'est à lui que sont dues, selon toute vraisemblance, presque toutes les reliures au chiffre de François Ier qui nous sont parvenues.

Henri II fut comme son père un amateur de belles reliures. On estime à près de huit cents le nombre des volumes qu'il fit relier. Ses trois fils, François II, Charles IX et Henri III méritent à peine d'être cités. La Bibliothèque ne fit pendant leurs règnes aucune acquisition sérieuse. La magnifique collection de livres, que Diane de Poitiers avait établie au château d'Anet, passa à la maison de Vendôme; elle fut vendue en 1723, sans aucun profit pour la Bibliothèque du roi. S'il lui en est arrivé quelques volumes, c'est avec les collections de La Vallière, Cangé et Lancelot. La bibliothèque de Fontainebleau fut transportée à Paris, vers la fin du règne de Charles IX. C'est Jean Gosselin qui fit ce transfert et la garda de son mieux, pendant les troubles de la Ligue, dans un local qui ne nous est pas connu. Henri IV la fit déposer au collège de Clermont, après l'expulsion des jésuites, mais elle en fut retirée, après leur rappel en 1604, et mise dans une grande salle du cloître des Cordeliers. Sous le règne de Louis XIII, elle fut installée rue de La Harpe dans une maison que les Cordeliers y possédaient. La plus importante acquisition qu'elle ait faite sous Henri IV est celle des manuscrits de Catherine de Médicis dont le roi s'empara, malgré les réclamations des créanciers de la reine. Un arrêt du parlement du 20 août 1595 lui attribua la fameuse Bible de Charles le Chauve que les religieux de Saint-Denis, chez lesquels elle se trouvait, paraissaient disposés à vendre. Louis XIII acheta, en 1622, la collection de Philippe Hurault, évêque de Chartres, qui comprenait plus de

400 volumes; c'est le seul accroissement que nous ayons à noter pour ce règne. Le cardinal de Richelieu avait bien acheté pour le roi, en 1638, les copies qu'Antoine de Loménie de Brienne avait fait exécuter pour son fils, mais il fit mettre la collection dans sa bibliothèque personnelle. Elle passa dans celle de Mazarin, on ne sait trop comment, et n'entra qu'après la mort de ce dernier dans la Bibliothèque du roi. La collection de manuscrits orientaux achetée au marquis de Brèves eut le même sort. Elle passa de la bibliothèque de Richelieu dans celle de la Sorbonne et en suivit la destinée. Nous devons ajouter que certains manuscrits, acquis sous ces deux règnes, restèrent d'abord dans une sorte de dépôt particulier qui fut établi au Louvre. Ce nouveau dépôt, connu sous le nom de *Cabinet du roi*, « renfermait les livres dont le souverain avait personnellement besoin et les curiosités de tout genre qui pouvaient fournir à la cour d'agréables distractions ». C'est là que vinrent, à une date difficile à fixer mais antérieure certainement à celle de la mort d'Henri IV, les manuscrits de la bibliothèque du château de Gaillon que les archevêques de Rouen tenaient de Georges d'Amboise. Ce dernier les avait achetés à Naples, probablement après 1501, du roi Frédéric III.

Le règne de Louis XIV fut marqué, pour la Bibliothèque du roi, par de nombreuses acquisitions et par des dons de première importance. Louis XIV s'intéressa personnellement à son développement; il la visita plusieurs fois et intervint directement dans ses affaires, en plus d'une circonstance. J.-B. Colbert lui rendit des services encore plus précieux. Il s'occupa d'elle, comme surintendant des bâtiments du roi, avec autant d'habileté que de zèle et profita de toutes les occasions pour augmenter ses richesses. C'est bien certainement afin de pouvoir lui être plus utile qu'il la fit transporter, en 1666, de la rue de la Harpe dans une de ses maisons de la rue Vivienne. L'intérêt de la Bibliothèque du roi passa toujours avant le sien. On ne peut toutefois s'empêcher de reconnaître qu'il s'occupa, mais dans la dernière partie de sa vie seulement, avec une sollicitude un peu gênante de ses propres collections. Cet excès de zèle ne doit cependant pas être jugé avec trop de sévérité, car il nous a conservé une foule de documents voués à une destruction inévitable. La première acquisition importante que fit la Bibliothèque, après l'avènement de Louis XIV, fut celle d'une partie de la collection des frères Dupuy. Cette collection, commencée par Claude Dupuy et continuée par ses deux fils Pierre et Jacques, se composait de plus de 9,000 volumes imprimés, de 260 manuscrits et d'une énorme quantité de pièces juridiques, historiques et littéraires. Les volumes imprimés et les manuscrits furent seuls compris dans le don que Jacques Dupuy, le dernier survivant, fit au roi, le 25 mars 1652. Le reste de la collection, qui formait 798 vol. in-fol. et environ 39 vol. in-4 non encore classés, fut légué à M. de Thou. Celui-ci ne garda pas longtemps un si précieux héritage. Il le vendit en 1680 avec sa bibliothèque au président Charron de Ménars. La collection s'augmenta entre ses mains de près de 600 vol. Ses héritiers ne la continuèrent pas et la vendirent, en 1720, au procureur général Joly de Fleury qui la céda à la Bibliothèque du roi. Jacques Dupuy eut bientôt des imitateurs. Gaston d'Orléans fit don à Louis XIV des livres tant imprimés que manuscrits, des médailles, des miniatures, des estampes et des raretés qu'il avait réunis dans son palais du Luxembourg. Beaucoup de volumes avaient été reliés par Le Gascon aux armes de ce prince. La célèbre collection de miniatures représentant des objets d'histoire naturelle qui faisait partie de ce don, fut retirée, en 1793, de la Bibliothèque nationale et portée au Jardin des Plantes. Elle est aujourd'hui connue sous le nom de *Vélins du Muséum*.

La Bibliothèque du roi n'était pas encore entrée en possession des collections de Gaston d'Orléans qu'Hippolyte, comte de Béthune, offrait à Louis XIV, en 1662, l'incomparable recueil de documents originaux sur les divers événements de notre histoire, de Louis XI à Louis XIII, que son père Philippe et lui avaient formé avec un si grand soin. 1,923 vol., uniformément reliés en maroquin rouge, avec des doubles PP couronnés et les armes de Béthune, entrèrent ainsi dans les collections royales. La mort de G. Gaulmyn fut une occasion pour la

Bibliothèque d'acquérir 557 manuscrits arabes, persans ou turcs en majeure partie. A la vente des livres de Raphael Trichet Du Fresne, mort en 1661, Colbert fit acheter environ 150 manuscrits. La collection d'ouvrages, relatifs à l'histoire d'Italie, qu'avait formée cet habile libraire fut acquise par Fouquet; elle n'arriva à la Bibliothèque du roi qu'en 1667, après la disgrâce du surintendant. C'est dans cette même année 1667 que l'abbé Michel de Marolles vendit au roi la célèbre collection qui devait servir de premier fonds au département des estampes. En 1668, Colbert fit ordonner entre la Bibliothèque du roi et le collège des Quatre-Nations, un échange, qui donna aux maîtres de ce collège un certain nombre d'ouvrages dont ils avaient besoin, mais qui fit entrer à la Bibliothèque 3,678 vol. imprimés et 2,156 manuscrits. On sait que Mazarin avait, en mourant, légué au collège des Quatre-Nations sa bibliothèque dans laquelle il avait recueilli un certain nombre de manuscrits de Peiresc, de G. Naudé et d'Alexandre Petau. En 1669, Colbert acheta pour le roi la bibliothèque du médecin Jacques Mentel qui se composait de 10,000 vol. et de 136 manuscrits, et en 1676, il se fit céder par les Carmes de la place Maubert 67 manuscrits et 18 incunables moyennant une rente de six minots de sel. Colbert ne se contenta pas, pour enrichir la Bibliothèque du roi, de profiter des occasions qui se présentèrent en France; il fit faire à l'étranger d'actives et fructueuses recherches. Il signala, à nos représentants dans les différents pays, les acquisitions, dont il était utile de s'occuper, et confia à plusieurs savants des missions spéciales. Vaillant parcourut l'Italie, la Grèce, l'Egypte et la Perse pour y recueillir des médailles, et il y fit une moisson si abondante que le cabinet du roi « en fut presque augmenté de moitié ». MM. de Monceaux et Lainé en Orient, Lacroix et Wansleb en Egypte et dans les échelles du Levant, Nointel, le père Besnier et Galland à Constantinople, Cassini en Italie et Verjus en Portugal firent pour la France, de 1667 à 1675, de nombreux et importants achats. La mort de Colbert, en 1683, n'arrêta pas ces recherches; elles furent continuées sous l'administration de Louvois qui eut la Bibliothèque du roi dans ses attributions. De 1683 à 1691, d'Avaux et d'Alencé en Hollande, d'Obeil en Angleterre, La Piquetière en Suède, recueillirent surtout des livres imprimés. Mabillon rapporta d'Italie une cinquantaine de manuscrits et plus de 4,000 vol. imprimés et Girardin acheta à Constantinople 16 manuscrits de la bibliothèque du sérail choisis parmi les plus précieux.

En France les dons et les achats se continuaient avec une heureuse régularité. La Bibliothèque reçut en 1683 les papiers de Mézeray trouvés chez lui après sa mort, en 1685, les 12 vol. d'extraits du trésor des chartes de Bretagne de Le Pelletier et, en 1686, les manuscrits de Chantereau-Lefèvre relatifs à la Lorraine. L'année 1700 fut marquée par l'achat de 35 vol. reliés aux armes de Le Ragois de Bretonvilliers et par le don de Maurice Le Tellier, archevêque de Reims, des 500 manuscrits grecs, latins, français et autres dont se composait sa collection. Les 276 manuscrits laissés par Ant. Faure furent achetés en 1701. La dispersion en 1706 de la célèbre collection réunie à Rouen par Jean Bigot, doyen de la cour des aides de Normandie, et par Emeric son fils, fournit à la Bibliothèque du roi l'occasion d'acquérir les 500 manuscrits qui s'y trouvaient. En 1709, à la suite de la saisie faite chez Jean Haudiquer de Blancour, condamné comme faussaire, elle se vit attribuer les papiers d'André Duchesne que Jean Haudiquer tenait de François Duchesne, son beau-père.

Les dernières années du règne de Louis XIV ne furent pas moins bonnes pour la Bibliothèque. Ses collections s'augmentèrent, en 1712, de 290 manuscrits orientaux de Thévenot, en 1714, de 50 vol. rapportés d'Orient par Lucas, en 1715, de 52 vol. donnés avec ses papiers par Ant. Galland et enfin, la même année, du fameux cabinet de Gaignières. « On a peine à comprendre, dit Le Prince, comment un seul homme, dont la fortune était bornée, avait pu rassembler chez lui et mettre en ordre tant de pièces différentes, imprimés, manuscrits, estampes, dessins, tableaux, cartes géographiques, etc., et se former un cabinet rare et précieux qui fut pendant longtemps l'admiration des curieux. » C'est que Gaignières a profité, avec une ardeur et une perspicacité rares, des merveilleuses occasions que faisaient naître l'ignorance et l'indifférence de ses contemporains. En 1711, sentant sa fin approcher, il fit don de toute sa collection au roi, mais s'en réserva l'usufruit. Il mourut le 27 mars 1715. Clairambault ne tint pas à son égard, pendant les quatre dernières années de sa vie, une conduite à l'abri de tout reproche. Pour veiller, prétendait-il, à l'entière conservation des collections données au roi, il soumit Gaignières à un véritable espionnage. Il se servit de plus de sa situation privilégiée pour s'approprier un certain nombre de pièces qu'il désirait depuis longtemps. Le cabinet de Gaignières n'entra donc pas intact à la Bibliothèque ; il fut d'ailleurs disloqué en 1740 et partagé entre les quatre départements (manuscrits, imprimés, cabinet des titres et estampes) qui avaient été constitués à la suite du récolement de 1720.

Le règne de Louis XV ne fut pas moins heureux pour la Bibliothèque du roi que celui de Louis XIV. Elle s'augmenta de près de vingt collections remarquables, dont nous ne pouvons parler longuement, mais que nous avons au moins le devoir de citer. En 1717, Charles d'Hozier fit don du cabinet généalogique qui avait été formé par son père et par lui ; il se composait de 250 vol. ou portefeuilles et de 875 vol. imprimés annotés. Ce fonds, auquel on joignit les documents généalogiques tirés par Clairambault de la collection Gaignières, servit de noyau, au cabinet des titres. L'abbé Louvois, qui administra la bibliothèque d'avr. 1684 au 5 nov. 1718, lui laissa en mourant les 300 manuscrits qu'il avait réunis. En 1719, on acheta les 630 manuscrits de Philibert de La Mare, héritier des papiers de Saumaise, et les 957 manuscrits, les 700 chartes et les 7 armoires, remplies de papiers modernes et de copies de pièces anciennes, de la bibliothèque de Baluze. Morel de Thoisy, lieutenant général au bailliage de Troyes, offrit le 10 juil. 1725 sa collection de 6,000 pièces fugitives tant imprimées que manuscrites sur le droit et les matières ecclésiastiques ; il les avait distribuées lui-même en 646 vol., qui sont restés presque tous au département des imprimés. En 1730, furent acquis les 200 manuscrits qui composaient encore la bibliothèque de Saint-Martial de Limoges et en 1731, les 642 manuscrits qui étaient entre les mains des héritiers de la famille de Mesmes. On attribua 229 vol. de cette dernière collection au ministère des affaires étrangères. L'abbé Bignon, bibliothécaire du roi et garde aussi, depuis 1720, de la librairie du cabinet du Louvre, dont l'institution remontait, comme nous l'avons déjà dit, à Henri IV, fit peu à peu remettre à la bibliothèque, de 1723 à 1732, les manuscrits qui avaient été jusque-là conservés dans ce cabinet.

L'année 1732 fut marquée par l'acquisition la plus importante que la Bibliothèque eut encore faite. L'abbé Charles-Eléonor Colbert, depuis comte de Seignelay, entre les mains duquel était venue par héritage l'admirable collection formée par son grand-oncle, offrit tous ses manuscrits au roi qui lui fit payer en retour une somme de 300,000 livres. La Bibliothèque entra ainsi en possession de 6,645 manuscrits anciens, des 258 vol. de la collection Doat, des 182 vol. de la collection de Flandre, de la collection dite des Cinq-Cents de Colbert et d'environ 300 vol. de mélanges. Nous avons encore à signaler, avant d'en finir avec le règne de Louis XV, l'achat, en 1733, de la bibliothèque de Cangé et les dons faits, cette même année, par Lancelot de 206 manuscrits et d'environ 500 portefeuilles, en 1740 par le maréchal de Noailles de 200 manuscrits, en 1748 par Meigret de Serilly d'environ 600 vol., en 1752 de 20 vol. de la Sainte-Chapelle de Bourges, et en 1756 de 301 manuscrits de Notre-Dame de Paris. Les collections de Fontanieu, qui furent acquises en 1765, se composaient de plus de 800 portefeuilles, d'un recueil de pièces fugitives en 366 vol. conservé aujourd'hui aux imprimés dans la réserve, de 192 vol. d'ouvrages composés par lui et de 266 manuscrits anciens ou modernes. Le département des imprimés s'était enrichi en 1742 de 11,000 vol. choisis parmi les meilleurs de la bibliothèque du médecin Falconnet, et en 1763, de la fameuse bibliothèque de Huet, évêque d'Avranches, cédée au roi après la suppression des Jésuites par son neveu, M. de Charsigné à qui elle avait fait retour. Notons enfin l'accroissement considérable que reçurent pendant cette période les fonds orientaux. L'établissement de relations suivies avec l'Inde et la Chine permit de faire de nombreuses acquisitions. Les missionnaires jésuites et le père Le Gac en particulier s'y employèrent avec un grand zèle. La compagnie des Indes, elle-même, se montra très empressée. En 1723, elle fit un envoi de sept caisses qui contenaient plus de 1,800 vol. chinois. Le règne de Louis XVI ne fut marqué que par l'achat de 255 vol. du cabinet du duc de La Vallière, vendu aux enchères en 1784, et par la cession par Beaumarchais de plus de 600 quintaux de parchemins provenant de la Chambre des comptes.

La Révolution ouvrit pour la Bibliothèque une ère de prospérité. Elle y fit affluer une foule de collections précieuses, mais avec une si grande précipitation et une telle confusion, qu'il fut impossible d'y recueillir et d'y sauver tout ce qui régulièrement aurait dû y venir. Les conséquences du désordre qui s'ensuivit se firent sentir pendant longtemps. Les livres imprimés et manuscrits, qui tombèrent dans le domaine public par suite de la suppression des établissements religieux ou de la confiscation des biens des émigrés, furent réunis dans de vastes magasins ouverts sur divers points de Paris. En 1794, il y en avait au moins neuf. La haute direction de ces dépôts appelés *Dépôts littéraires* fut confiée d'abord à la *Commission des monuments* et après sa dissolution, le 18 déc. 1793, à la *Commission temporaire des arts* qui la remplaça, et enfin un peu plus tard au *Conseil de conservation des objets de science et d'art*. C'est là que furent pris, de 1792 à 1798, les innombrables volumes imprimés et manuscrits qui entrèrent alors à la Bibliothèque. Les collections, dont elle recueillit les débris, avaient appartenu aux différentes maisons religieuses de Paris, telles que les Grands-Augustins, les Carmes, les Cordeliers, le prieuré des Blancs-Manteaux, le séminaire des Missions étrangères, la Sorbonne, l'abbaye de Saint-Victor, et bien d'autres encore. Le cabinet des ordres du roi, formé par Clairambault et vendu par son neveu en 1755 à l'ordre du Saint-Esprit, fut porté à la Bibliothèque nationale le

9 mai 1792. On fit malheureusement brûler peu de jours après, sur la place Vendôme, une foule de documents réputés généalogiques qu'on en tira. Des 3,500 vol. ou boîtes qui le composaient il en resta à peine 1,500. C'est du cabinet de Louis XVI à Versailles que vinrent en 1795 le livre d'heures d'Anne de Bretagne (ms. lat. 9474) et les mémoires de Louis XIV.

Les collections du *Cabinet* ou *dépôt des chartes*, qui avait été institué en 1762 par Bertin comme complément du dépôt de législation et mis sous la direction de Moreau, furent réunies à la Bibliothèque en 1790. Elles comprenaient les inventaires de divers chartriers, la copie d'environ 4,000 chartes, une table chronologique des chartes imprimées, des extraits des anciens registres du Vatican par La Porte du Theil, les recueils de La Curne de Sainte-Palaye sur la langue et la littérature française, un répertoire général d'édits et ordonnances et des actes originaux de l'administration financière du temps de Louis XIV et de Louis XV.

Nous devons une mention spéciale aux manuscrits de Saint-Germain-des-Prés qui furent portés à la Bibliothèque, du 6 déc. 1795 au 14 mars 1796, par les soins de Silvestre de Sacy et de dom G. Poirier. Ils formaient un fonds de plus de 9,000 vol. comprenant 880 manuscrits orientaux, 400 manuscrits grecs, 1,800 manuscrits latins, 2,800 manuscrits français, italiens et espagnols, 260 manuscrits provenant du cardinal de Gesvres, 1,440 manuscrits provenant de la famille de Harlay et une masse énorme de papiers et de documents ayant servi aux travaux des Bénédictins. Ces papiers et ces documents servirent à constituer le fonds d'environ 1,480 vol. qu'on appela le Résidu Saint-Germain. La bibliothèque de Saint-Germain-des-Prés s'était formée peu à peu, avec l'ancien fonds de l'abbaye, auquel étaient venues s'ajouter diverses collections. Ainsi elle avait reçu, en 1638, 400 manuscrits environ de l'abbaye de Corbie, en 1689 plusieurs manuscrits de Vyon, sieur d'Hérouval, en 1700 146 manuscrits de l'abbaye de Saint-Maur-des-Fossés, en 1718 les manuscrits de l'abbé d'Estrées, en 1720 plus de 300 manuscrits d'Eusèbe Renaudot, en 1731 les manuscrits que H.-Ch. de Coislin, évêque de Metz, tenait de Séguier et en 1745 et 1755 les manuscrits de Gesvres et de Harlay. En revanche, des voleurs lui avaient enlevé, en 1791, plus de 120 manuscrits qui ont été portés à Saint-Pétersbourg par Pierre Dubrowsky et elle avait perdu, en sept. 1792, dans un incendie, presque tous ses livres imprimés. La Bibliothèque nationale recueillit aussi, en 1796, les manuscrits de la Sorbonne; on fondit l'ancien fonds qui se composait de 1,575 manuscrits avec celui du cardinal de Richelieu pour former le fonds de la Sorbonne qui a subsisté jusqu'en 1868.

Les dépôts provisoires établis dans beaucoup de départements furent aussi mis à contribution. Chardon de la Rochette fut chargé en 1801 de les visiter et d'y choisir ce qui pouvait convenir à la Bibliothèque nationale. Il s'acquitta malheureusement avec négligence de la mission qui lui était confiée; aussi ne donna-t-elle que d'assez maigres résultats. Une circulaire du 11 déc. 1798 prescrivit aux départements d'envoyer à Paris les cartulaires qu'ils possédaient, mais onze seulement répondirent à cet appel. Leurs envois produisirent un total de 120 vol. De 1801 à 1806, dom Maugérard, ancien bénédictin, fut chargé de recueillir dans les provinces rhénanes les livres, les manuscrits et les chartes qu'il pouvait être utile de faire entrer dans nos collections. Les différents envois qu'il fit profitèrent surtout au département des imprimés. C'est à lui qu'on doit un bon nombre d'incunables et en particulier le célèbre exemplaire de la Bible de Pfister imprimée vers 1461, en 2 vol. in-fol.

Nous en avons fini avec la période des grands accroissements. Aucune des collections dont il nous reste à signaler l'entrée à la Bibliothèque ne peut être comparée à certaines de celles dont nous venons de parler. Les papiers de Mouchet, acquis en 1807, ceux de dom Villevieille acquis en 1811, ceux de Caffiaux et de l'abbé de Camps cédés en 1812 et en 1815 sont sans doute intéressants pour nous, mais leur valeur n'en est pas moins assez restreinte. Sous la Restauration et le gouvernement de Juillet, la Bibliothèque reçut la collection du président Levrier sur le Vexin (1818), les papiers de Millin (1821), les papiers de dom Vaissète et dom de Vic relatifs au Languedoc (1823), les papiers de Chérin (1830), les papiers de l'abbé Lépine sur le Périgord (1831), les papiers de Champollion le jeune sur l'Egypte (1833), les papiers de Lebret (1835), la collection de Joly de Fleury (1836), un certain nombre de manuscrits de Monteil (1836 et 1837) et enfin quelques manuscrits de la bibliothèque de la duchesse de Berry à son château de Rosny qui venaient de P. Pithou (1837). La seconde République fut marquée par l'acquisition en 1851 du cabinet généalogique formé par Louis-Marie d'Hozier qui se composait de 136 vol., de 165 cartons et de 200 paquets d'extraits de titres. Ces paquets forment aujourd'hui la collection connue sous le nom de *Carrés de d'Hozier*. Sous le second Empire, le département des manuscrits s'augmenta des papiers de Léchaudé d'Anisy (1859), de la collection de mystères bretons formée par Luzel (1864), des manuscrits palis de Grimblot (1866) et enfin de 350 vol. ou rouleaux venant de Corée donnés par le ministère de la marine. Le département des imprimés reçut de son côté pendant la même période les 100,000 vol. sur la Révolution française réunis par Labédoyère (1863), la collection en 1996 vol. de Beuchot sur Voltaire et la collection en 1440 vol. du docteur Payen sur la vie et les œuvres de Montaigne (1870). Les acquisitions faites depuis 1870 ont fait entrer à la Bibliothèque un bon nombre de volumes intéressants. Nous signalerons le don fait par Mme Mortreuil, de la collection formée par son mari, sur l'histoire de Marseille, la belle série de manuscrits visigothiques venant de l'abbaye de Silos, en Espagne, qui ont été achetés en juin 1878, les manuscrits, précieux à divers titres, dus à la générosité du duc de La Trémoille et ceux, non moins beaux, qui ont été acquis aux différentes ventes faites depuis 1878, par les héritiers de M. Didot. En 1881, le département des manuscrits a acheté un certain nombre de liasses, provenant de la collection Joursanvault, dans lesquelles se trouvent des documents relatifs à la Bourgogne et à la Franche-Comté ; en 1882, il a obtenu de la municipalité de Cluny la cession de ce qui lui restait des manuscrits de l'ancienne abbaye de ce nom ; en 1886 il a reçu de Mme Eug. Burnouf un certain nombre de manuscrits et des cartons renfermant des matériaux sur les langues et les littératures de l'Inde ; en 1887 il a acheté à la vente Boucher toute une série de manuscrits arabes, persans et turcs, et enfin en janv. 1888, il a acquis les manuscrits de la collection Desnoyers. Nous devons une mention spéciale au don qui a été fait en 1885 par Mme la comtesse de Bastard d'Estang de la collection réunie par son beau-père le comte Auguste de Bastard. Cette collection se composait, entre autres choses, de plus de 1,300 chartes originales et d'un exemplaire unique, tant par le choix que par le nombre des pièces, de la célèbre publication connue sous le titre de *Peintures et ornements des manuscrits*. Nous sommes enfin heureux de terminer cette liste des acquisitions faites par la Bibliothèque nationale, en annonçant la rentrée en France des précieux manuscrits des fonds Libri et Barrois de la collection du comte d'Ashburnham. On sait que ces manuscrits avaient été volés, il y a plus de quarante ans, à diverses bibliothèques de Paris et de la province. Les négociations relatives à cette affaire, qui intéressait à si juste titre le monde savant, ont été conduites par M. L. Delisle avec une science et une habileté qui lui font le plus grand honneur. Il en a fait connaître les résultats, dans un rapport adressé de Londres au ministre de l'instruction publique, le 23 févr. 1888.

II. ÉTAT ACTUEL. — CATALOGUES.

Il nous reste maintenant à faire connaître l'état actuel de chacun des quatre départements (imprimés, manuscrits, estampes et médailles), qui composent la Bibliothèque nationale, et à indiquer les différents moyens de recherche (catalogues ou inventaires) qui dans chacun d'eux, sont mis à la disposition des lecteurs. Nous donnerons ensuite quelques renseignements généraux sur son budget et sur l'histoire des bâtiments qu'elle occupe.

§ 1. Département des Imprimés.

Deux salles sont affectées à la communication des livres imprimés. L'une, dont l'entrée est rue Colbert, est ouverte à tout le monde, sans qu'il y ait aucune formalité à remplir, tous les jours, même le dimanche, de 9 h. à 4 h. en hiver et de 9 h. à 6 h. en été ; elle renferme environ 25,000 vol. choisis parmi les plus usuels ; le catalogue vient d'en être publié (*Liste des ouvrages communiqués dans la salle publique de lecture ;* Lille, 1887, in-8). L'autre, dont l'entrée est rue de Richelieu, est exclusivement réservée aux personnes munies d'une carte délivrée à cet effet par le secrétariat ; il en est ainsi d'ailleurs pour les salles de travail des autres départements. On y obtient communication, dans les limites fixées par le règlement, de tous les imprimés de la bibliothèque. La première de ces salles est appelée *salle publique de lecture*, et la seconde *salle de travail.* Nous ne parlerons que de cette dernière. Trois cent quarante-quatre lecteurs peuvent y trouver place. Quatre tables sont réservées à la communication des volumes de très grand format. Deux autres, les plus rapprochées du bureau des bibliothécaires, l'une à droite et l'autre à gauche, sont exclusivement consacrées aux périodiques (*Table des périodiques*) et à la communication des ouvrages de la *Réserve.* On appelle de ce nom la série dans laquelle sont classés les ouvrages particulièrement précieux : incunables, livres sur vélin, ouvrages tirés à un petit nombre et devenus rares, livres à reliures historiques ou remarquables par leur beauté, livres portant des annotations manuscrites, etc., etc. Dans les casiers disposés autour de la salle sont placés les ouvrages dont on a le plus souvent besoin : encyclopédies, dictionnaires, bibliographies, grandes collections, etc. On peut les consulter librement sans demande préalable. La dernière liste alphabétique qui en ait été publiée est de 1886 (*Liste alphabétique des ouvrages mis à la libre disposition des lecteurs dans la salle de travail;* Paris, 1886, in-8). Chaque lecteur reçoit à son entrée dans la salle un *bulletin personnel* qu'il doit remettre à un employé du bureau, après y avoir mis en tête son nom, son adresse et le numéro de la place qu'il choisit. C'est sur ce bulletin que seront inscrits le titre et la cote des ouvrages qui lui seront communiqués. Pour avoir un volume, autre que ceux mis à sa disposition dans les casiers de la salle, il devra remplir le *bulletin de demande*, qui lui sera délivré par l'un des bibliothécaires, et le lui remettre ensuite. Les volumes demandés lui seront portés à son numéro de place. Au moment de partir, il devra rapporter lui-même ces volumes au bureau. On lui rendra alors son *bulletin personnel* sur lequel on aura apposé, à côté de la mention de l'ouvrage communiqué, une estampille portant le mot *rendu*. Le gardien de la salle ne le laissera sortir qu'après remise de ce *bulletin personnel* entièrement acquitté.

Le premier travail d'ensemble sur les imprimés de la Bibliothèque du roi est dû à Nicolas Rigault et à ses collaborateurs, Saumaise et Hautin. Le catalogue qu'ils dressèrent en 1622 nous a été conservé dans le manuscrit latin 10,365, fol. 159-169 et 177-187. Les renseignements qu'il donne sont très sommaires, mais il ne sont pas sans utilité. Ce catalogue fut refondu en 1645 par les frères Dupuy. Il nous est resté deux exemplaires de ce dernier travail; l'un écrit par Jacques Dupuy et relié aux armes du roi est aux imprimés, l'autre occupe aux manuscrits le n° 1,389 des nouv. acq. lat. Le nombre des volumes imprimés augmenta dans de telles proportions, pendant l'administration de Colbert, que Nicolas Clément fut obligé de commencer un nouveau catalogue. Il y consacra neuf années d'un travail persévérant (1675-1684). Il distribua les volumes en vingt-trois classes et leur assigna des cotes. Ce catalogue devint bientôt insuffisant. Clément le reprit en sous-œuvre en 1688 et le mena rapidement à bonne fin. La table méthodique se composait de 14 vol.; la table alphabétique en 21 vol. transcrite par Jean Buvat ne fut achevée qu'en 1714. Vers 1735 on refondit le travail de Clément et on s'occupa de l'imprimer. Le premier volume parut en 1743 et le sixième en 1753; ils sont consacrés tous les six à la théologie, aux belles-lettres et à la jurisprudence. Un septième volume consacré au droit civil fut composé et en partie tiré. Ce sont ces catalogues, augmentés d'une soixantaine de volumes de supplément, qui ont servi jusqu'au milieu de ce siècle. En 1852 on posa en principe que tout livre entrant serait immédiatement catalogué. Les cartes qu'on fit dès lors pour chaque imprimé furent rangées, soit par ordre de matières, soit par ordre alphabétique de nom d'auteur. M. Taschereau, nommé en 1852 administrateur-adjoint, porta d'abord son attention sur l'histoire de France, dont il fit préparer le catalogue avec beaucoup d'activité. Le premier volume parut en 1855 et le onzième en 1879. Trois volumes de supplément, pour l'histoire locale, les généalogies et biographies et pour l'archéologie, y ont été ajoutés depuis. Le *Catalogue des sciences médicales* commença à paraître en 1857; il se compose aujourd'hui de trois volumes; il en aura bientôt un quatrième consacré à la médecine vétérinaire.

L'arrivée de M. L. Delisle à la direction de la Bibliothèque nationale, en 1874, fut marquée par la création du *Bulletin mensuel des publications étrangères*. Ce bulletin, autographié dans les premiers temps, de nov. 1874 à déc. 1876, a été imprimé depuis le mois de janv. 1877. Le *Bulletin mensuel des récentes publications françaises* fut créé en janv. 1882. Ces deux recueils ont inauguré une voie nouvelle et vraiment utile. Ils ont permis en effet de mettre à la disposition du public, à l'aide de registres de fiches mobiles dans lesquels on peut facilement faire des intercalations, le titre des différents livres et la cote qui leur a été donnée dans le classement général. Telle est l'origine des deux séries de tables alphabétiques et méthodiques qui sont placées dans la salle de travail, à droite et à gauche du bureau. Celle qui est consacrée aux publications étrangères comprend les ouvrages parus depuis 1879 et celle consacrée aux publications françaises, les ouvrages parus depuis 1882.

Les catalogues de 1743 à 1753, le *Catalogue de l'his-*

toire de France, le *Catalogue des sciences médicales* et les petits registres de fiches mobiles dont nous venons de parler ne sont pas les seules publications faites par l'administration de la Bibliothèque, pour faciliter les demandes et hâter les communications. On a fait autographier, dans ces dernières années, les inventaires d'un certain nombre de lettres, et on en a mis un ou plusieurs exemplaires à la disposition des lecteurs. La lettre G consacrée à l'*Histoire générale* a ainsi cinq volumes d'inventaire alphabétique par nom d'auteur, et deux pour les anonymes; la lettre K, *Histoire de la Grande-Bretagne* et la lettre O, *Histoire d'Espagne et de Portugal*, un vol. chacune de catalogue méthodique. Les répertoires alphabétiques de ces deux dernières lettres sont transcrits sur de grands registres, mais ils ne servent encore qu'aux employés. On voit que l'administration fait de sérieux efforts pour activer le service et rendre les communications plus rapides. Ce n'est pas toujours sa faute si le lecteur ne reçoit pas immédiatement le livre qu'il a demandé. Il ferait toujours gagner un temps précieux, s'il se donnait la peine de consulter les catalogues dont nous venons de parler, pour y prendre la cote de l'ouvrage qu'il désire. La musique est classée dans une série spéciale. C'est la collection donnée au roi en 1725 par Sébastien de Brossard, chanoine de Meaux, qui en a été le premier noyau. La *section des cartes et plans* dépend aussi du département des imprimés, mais elle occupe un local qui lui est propre.

Nous croyons utile de signaler en terminant les inventaires et les catalogues dont certaines collections de la bibliothèque ont été l'objet. Van Praet, *Catalogue des livres imprimés sur vélin de la Bibliothèque du roi* (Paris, 1822, 6 vol. in-8); L. Delisle, *Inventaire alphabétique des livres imprimés sur vélin de la B. N.; Complément au catalogue de Van Praet* (Paris, 1877, 1 vol. in-8); G. Richou, *Inventaire de la collection des ouvrages et documents sur Michel de Montaigne réunis par le Dr Payen* (Bordeaux, 1877, in-8); *Catalogue des ouvrages donnés par M. V. Schœlcher*

(Nogent-le-Rotrou, 1884, in-8) ; *Catalogue d'une collection de thèses publiées dans les Pays-Bas donnée à la Bibliothèque nationale* (Paris, 1885, in-8) ; *Liste des périodiques étrangers reçus par le département des imprimés* (Paris, 1882, in-8) ; *Supplément, 1882-1885* (Paris, 1886, in-8) ; *Inventaire des livres et documents relatifs à l'Amérique légués à la Bibliothèque nationale par M. Angrand* (Paris, 1887, in-8).

§ 2. Département des Manuscrits.

Il est nécessaire, pour bien s'expliquer le classement actuel des collections du département des manuscrits, de remonter aux classements antérieurs et d'en suivre les modifications. Le premier catalogue des manuscrits, rédigé en 1622 par Nicolas Rigault, fut refondu et complété en 1645 par les frères Dupuy. Mais c'est l'inventaire général, dressé en 1682 par Nicolas Clément, qui a servi de base à tous les classements et à tous les catalogues qui ont suivi. Il comprenait tous les manuscrits dans une seule série de chiffres. Les numéros 1 à 1636 étaient affectés aux manuscrits orientaux, les numéros 1801 à 3538 aux manuscrits grecs, les numéros 3561 à 6700 aux manuscrits latins, et les numéros 6701 à 10542 aux manuscrits français et en langues modernes européennes. Cet inventaire servit pendant longtemps. Les intercalations qu'on dut y faire, au moyen de lettres et de sous-chiffres, amenèrent une grande confusion. On fut obligé de le recopier en 1730 ; c'est celui que Montfaucon a publié en 1739 dans sa *Bibliotheca bibliothecarum*, t. II, p. 709.

Vers 1735, on prit le parti d'entrer dans une autre voie, et d'ouvrir autant de séries qu'il y avait de langues principales. On constitua donc trois fonds séparés avec les manuscrits orientaux, les manuscrits grecs et les manuscrits latins, dont le catalogue fut imprimé de 1739 à 1744. Les cotes 1-6700 de l'inventaire de 1682-1730, furent ainsi annulées. On ne toucha pas à la série des manuscrits français. Les collections un peu considérables qui entrèrent depuis lors à la Bibliothèque restèrent intactes, et formèrent des fonds particuliers. Les manuscrits, qui arrivèrent isolément ou par petit nombre, furent mis dans un fonds dit des nouvelles acquisitions. Ce fonds des nouvelles acquisitions, reconstitué sur de nouvelles bases au commencement de ce siècle par La Porte du Theil, donna naissance à ce qu'on appela l'*Ancien supplément*. Cet ancien supplément, réunion confuse de manuscrits de toute espèce, fut disloqué en 1820 par les soins de Méon, et servit à former quatre séries nouvelles connues sous les noms de *Supplément grec*, *Supplément latin*, *Supplément français* et de *Fonds des cartulaires*. Cet état de choses a subsisté jusqu'en 1860. On commença alors une réforme qui porta sur l'ancien fonds français, sur le supplément français, sur le supplément latin, sur le fonds des cartulaires et sur une série de petits fonds dont nous allons donner tout à l'heure la liste. Il y avait en effet dans l'ancien fonds français, des anomalies et des singularités qu'il fallait à tout prix faire disparaître. Il était d'abord assez bizarre de voir ce fonds commencer au numéro 6701 ; de plus, les cotes avaient été si compliquées par les intercalations successives, faites au moyen de chiffres et de lettres, qu'il fallait souvent une grande attention pour s'y reconnaître. Les confusions étaient d'ailleurs fréquentes, plusieurs manuscrits se trouvant porter la même cote. Ce fonds contenait en outre un certain nombre de manuscrits latins, espagnols, portugais, allemands, etc., qu'il était utile d'en retirer pour les mettre dans des séries particulières. On le soumit donc à une nouvelle numérotation, on l'augmenta des manuscrits français qui se trouvaient dans un certain nombre de petits fonds, et on forma ainsi le fonds français actuel qui se compose de 26,484 numéros.

Le supplément latin qui présentait les mêmes anomalies fut soumis, de 1862 à 1868, à une transformation du même genre. L'ancien fonds latin, dont le catalogue a été publié en 1744, en deux volumes in-folio, resta intact; il conserva sa numérotation de 1 à 8822. Le numéro 8823 fut le premier de la numérotation nouvelle qui se continua jusqu'au numéro 18613, le dernier du fonds latin actuel. Les volumes français ou latins, entrés depuis cette époque à la Bibliothèque, ont été mis respectivement dans les fonds constitués alors des nouvelles acquisitions françaises et des nouvelles acquisitions latines.

Par suite de ces réformes, les collections du département des manuscrits se trouvent constituées ainsi qu'il suit. Nous donnons pour chacune d'elles l'indication du dernier numéro qui la composait, à la fin de 1887, au moment où a été fait le dernier récolement général. Nous ferons remarquer en même temps que, dans toutes les séries constituées depuis 1860, les cotes se succèdent régulièrement sans omission d'aucun numéro et sans addition de lettre ou de sous-chiffre; les très rares exceptions qu'on pourrait signaler à cette règle sont justifiées par des circonstances extraordinaires.

1. *Fonds français*, 26484 numéros. La première série (1-6170), comprend les volumes de l'ancien fonds, la seconde (6171-15369), les volumes du supplément français, la troisième (15370-20064), les manuscrits français venus de l'abbaye de Saint-Germain-des-Prés, et la quatrième (20065-25696), les manuscrits français de divers petits fonds dont voici la liste : Collection d'*Anisson-Duperron*, fonds des *Grands-Augustins*, fonds des *Barnabites*, collection de l'abbé *Bignon*, fonds des *Blancs-Manteaux*, fonds *Bouhier*, papiers du père *Brotier*, fonds des *Capucins*, fonds des *Carmes*, fonds des *Célestins*, collection de *Champion de Cicé*, fonds de l'abbaye de Saint-Corneille de *Compiègne*, fonds de *Corbie*, fonds des *Cordeliers*, collection *Dangeau*, collection *Delamare*, collection de l'abbé *Drouyn*, collection de *Fanière*, fonds des *Feuillants*, collection de *Fauvel*, collection de *Fourier*, fonds *Gaignières*, fonds des *Jacobins*, fonds *La Vallière*, papiers de *Le Prince*, papiers de *Le Tellier*, archives de la chambre syndicale de la *Librairie*, fonds des pères de la *Merci*, papiers de *Mézeray*, papiers de *Millin*, fonds des *Minimes*, fonds du

séminaire des *Missions étrangères*, fonds *Mortemart*, fonds du collège de *Navarre*, fonds *Notre-Dame*, fonds de l'*Oratoire*, fonds des *Petits Pères*, papiers de dom *Poirier*, fonds des *Récollets*, fonds de la *Sainte-Chapelle*, fonds de *Saint-Magloire*, fonds de *Saint-Martin-des-Champs*, fonds de *Saint-Victor*, fonds de *Serilly* et fonds de *Sorbonne*. Des concordances manuscrites, des numéros anciens et des numéros actuels de tous ces fonds, sont mises à la disposition des lecteurs ; il est par suite extrêmement facile de trouver le numéro actuel d'un manuscrit dont on a l'ancienne cote. La cinquième série du fonds français (25697–26484), formée en 1875, comprend environ 100,250 pièces provenant des rebuts de l'ancienne Chambre des comptes (chartes royales, comptes de bouche, montres, rôles de fouage, quittances et pièces diverses), les titres originaux de dom Villevielle, de Jault et de Blondeau. Le fonds des *Nouvelles acquisitions françaises* est numéroté par format ainsi qu'il suit : très grand format, 1451-1500 ; 5901-5907 ; grand format, 2001–4000 ; 5001-5112 ; moyen format, 1-1450 ; 6001-6145 ; petit format, 1501-2000 ; 4001-4419.

II. *Fonds latin*, 18613 numéros. La première série (1-8822), comprend les volumes de l'ancien fonds, la deuxième (8823-11503) des volumes du supplément latin, du fonds des cartulaires, et du supplément français, la troisième (11504-14231) des manuscrits venus des fonds latin et français de Saint-Germain, des fonds de Harlay, de Gesvres et du Résidu, la quatrième (14232-15175) des manuscrits venus de l'abbaye de Saint-Victor, la cinquième (15176-16718) des manuscrits venus de la Sorbonne, et la sixième (16719–18613) des manuscrits latins de 26 des petits fonds dont nous avons donné la liste à propos du fonds français. Des concordances permettent, comme nous l'avons dit, de trouver rapidement le numéro actuel d'un manuscrit de ces petits fonds dont on a l'ancienne cote. On a mis, en 1887, à la disposition des lecteurs, une concordance autographiée des numéros des manuscrits latins du catalogue de 1682, et des numéros du catalogue imprimé de 1744. On y a ajouté la concordance des numéros des manuscrits latins des petits fonds, entrés à la Bibliothèque avant cette dernière date. Le fonds des *Nouvelles acquisitions latines* est numéroté par format ainsi qu'il suit; très grand format, 2502-2562; grand format, 2074-2335; moyen format, 1143-1645; petit format, 111 à 457.

III. *Fonds grec*. Il se compose de trois parties, l'*ancien fonds*, le fonds de *Coislin* et le *Supplément*. L'ancien fonds a 3117 numéros, le fond de Coislin 400, et le supplément 1096. On a pour l'ancien fonds grec, comme pour le fonds latin, une concordance autographiée (1887) des numéros du catalogue de 1682, et des numéros du catalogue imprimé de 1740.

IV. *Fonds en diverses langues modernes européennes. Albanais*, 1 numéro; *Allemand*, 307 numéros; *Anglais*, 95 numéros; *Celte* et *Basque*, 105 numéros; *Espagnol*, 485 numéros; *Italien*, 2023 numéros; *Néerlandais*, 110 numéros; *Portugais*, 111 numéros; *Scandinave*, 29 numéros; *Slave*, 50 numéros; *Valaque*, 3 numéros.

V. *Collections sur l'histoire de diverses provinces. Bourgogne*, 111 numéros; *Champagne*, 154 numéros; *Doat*, 258 numéros; *Flandre*, 195 numéros; *Languedoc*, 199 numéros; *Lorraine*, 984 numéros; *Périgord*, 183 numéros; *Picardie*, 352 numéros; *Touraine, Maine et Anjou*, 31 numéros; *Vexin*, 79 numéros.

VI. *Collections diverses. Baluze*, 398 numéros; *Bréquigny*, 165 numéros; *Brienne*, 362 numéros; *Clairambault*, 1348 numéros; *Colbert Cinq Cents*, 500 numéros; *Colbert Mélanges*, 1416 numéros; *De Camps*, 125 numéros; *Duchesne*, 121 numéros; *Dupuy*, 958 numéros; *Fontanieu*, 881 numéros; *Joly de Fleury*, 2555 numéros; *Lancelot*, 195 numéros; *Moreau*, 1834 numéros; *Parlement*, 696 numéros; *Picot*, 123 numéros; *Renaudot*, 45 numéros; *Visconti*, 35 numéros.

VII. *Cabinet des titres*. Il se compose de sept séries qui ont toutes une numérotation spéciale. 1° Volumes reliés, 1367 numéros; 2° *Pièces originales*, 3061 vol.; 3° *Chérin*, 214 vol.; 4° *Carrés de d'Hozier* en cours de classement, 608 vol. sont déjà reliés; 5° *Dossiers bleus*,

18273 ; 6° Dossiers du *Nouveau d'Hozier*, 7870 ; 7° Dossiers du *Cabinet de d'Hozier*, en cours de classement. Les dossiers de ces trois dernières séries ne sont, aux termes du règlement, communiqués qu'aux familles intéressées ou à leurs fondés de pouvoirs.

VIII. *Fonds orientaux*. *Africain*, 6 numéros ; *Américain*, 73 numéros ; *Arabe ancien fonds*, 1626 numéros ; *Arabe supplément*, 2696 numéros ; *Arménien ancien fonds*, 138 numéros ; *Arménien supplément*, 157 numéros ; *Batta*, 11 numéros ; *Berbère*, 17 numéros ; *Birman*, 70 numéros ; *Bougui*, 1 numéro ; *Burnouf manuscrits*, 217 numéros ; *Burnouf imprimés*, 2678 à 2730 ; *Cambodgien*, 96 numéros ; *Chinois Fourmont*, 390 numéros ; *Chinois nouveau fonds*, 4393 numéros ; *Copte*, 134 numéros ; *Ethiopien*, 175 numéros ; *Géorgien*, 24 numéros ; *Hébreu*, 1351 numéros ; *Hindostani*, 42 numéros ; *Indien relié*, 118 numéros ; *Indien sur olles*, 19 numéros ; *Inscriptions des Pyramides*, 10 cartons ; *Japonais*, 98 numéros ; *Lolo*, 1 numéro ; *Madécasse*, 11 numéros ; *Malais et Javanais*, 173 numéros ; *Mexicain*, 15 numéros ; *Pali*, 637 numéros ; *Papyrus Egyptiens*, 235 numéros ; *Persan ancien fonds*, 388 numéros ; *Persan supplément*, 1107 numéros ; *Polynésien*, 1 numéro ; *Sabéen*, 19 numéros ; *Samaritain*, 24 numéros ; *Sanskrit Bengali*, 243 numéros ; *Sanskrit Devanagari*, 290 numéros ; *Sanskrit Grantham*, 134 numéros ; *Sanskrit Nagram*, 36 numéros ; *Sanskrit Singhalais*, 5 numéros ; *Sanskrit Telinga*, 63 numéros ; *Siamois*, 77 numéros ; *Singhalais*, 46 numéros ; *Syriaque*, 296 numéros ; *Tamoul*, 554 numéros ; *Telinga*, 59 numéros ; *Tibétain*, 135 numéros ; *Turc ancien fonds*, 396 numéros ; *Turc supplément*, 739 numéros.

IX. *Papiers d'orientalistes et fonds des traductions*. Nous croyons inutile de faire connaître le nombre de volumes dont se composent ces petites collections. Nous allons nous contenter de donner, dans l'ordre alphabétique, les noms des orientalistes dont on y trouve les papiers. *Anquetil*, *Ariel*, *Botta*, *Burnouf*, *Champollion*, *Deshauterayes*, *D'Ochoa*, *Dujardin*, *Fourmont*,

Hennecart, *Langlès*, *Nestor l'Hôte*, *Prisse d'Avennes*, *Sacy*, *Saint-Martin*, *Salvolini*, *Schulz*, *Venture de Paradis*.

Voici maintenant la liste des catalogues et des inventaires dont les différentes collections ont été l'objet; ils sont à la disposition des lecteurs. Nous donnons tout d'abord l'indication de quelques catalogues comprenant plusieurs fonds : *Catalogus codicum manuscriptorum bibliothecæ regiæ* (Paris, 1739-1744, 4 vol. in-fol). Le t. I, 1739, comprend les manuscrits orientaux; le t. II, 1740, les manuscrits grecs; les t. III et IV, 1744, les manuscrits latins; *Inventaires sommaires de divers fonds de la Bibliothèque nationale* dans Migne, t. XL de la *Nouvelle Encyclopédie théologique*, col. 659-1139, se divisant de la manière suivante, 1° *Manuscrits français appartenant à divers fonds*; 2° *Manuscrits latins*; 3° *Ancien fonds du roi*; 4° *Documents ecclésiastiques concernant la Bretagne*; 5° *Catalogue des manuscrits arméniens*, dressé en 1735 par l'abbé de Villefroy, d'après Montfaucon, *Bibliotheca bibliothecarum manuscriptorum nova*; L. Delisle, *les Collections de Bastard d'Estang à la Bibliothèque nationale* (Nogent-le-Rotrou, 1885, in-8); L. Delisle, *Inventaire du fonds de Cluny* (Paris, 1884, in-8); L. Delisle, *Manuscrits divers acquis en 1876, 1877 et 1878* (ordre alphab. des noms d'auteurs et de matières), dans *Mélanges de paléographie et de bibliographie* (Paris, 1880, pp. 359-499); L. Delisle, *Catalogue des manuscrits anciens et des chartes de la collection de M. Jules Desnoyers* (Paris, juin 1888, in-8).

I. *Fonds français*. Paulin Paris, *les Manuscrits français de la Bibliothèque du roi* (Paris, 1836-1848, 7 vol. in-8); *Catalogue des manuscrits français* (Paris, 1868-1881, 3 vol. in-4); 51 feuilles du t. IV sont déjà tirées; elles sont, avec la suite manuscrite de ce travail, comprenant tout le fonds français, à la disposition des lecteurs. Un catalogue manuscrit du fonds français et des nouvelles acquisitions françaises, par ordre alphabétique de noms d'auteurs et de matières, est aussi à la disposition des lecteurs dans la salle de travail. L. Delisle, *Inventaire général et méthodique des manuscrits français* (Paris, 1876-1878, Théologie et jurisprudence, 2 vol. in-8) ; Vaesen, *Notice sur Jean Bourré, suivie du catalogue chronologique du fonds* (mss. fr. 20483-20499) *auquel il a donné son nom* (Paris, 1886, in-8. Extrait de la *Bibl. de l'Ec. des Chartes*, 1882-1885) ; H. Omont, *Inventaire sommaire des archives de la Chambre syndicale de la librairie et imprimerie de Paris* (ms. fr. 21813-22060). (Paris, 1886, in-8. Extrait du *Bulletin de la Soc. de l'hist. de Paris*, 1886, t. XIII.) ; Cte Riant, *Inventaire de la collection dite de dom Berthereau* (fonds fr. 9050-9080), dans les *Archives de l'Orient latin*, t. II, 1884, pp. 105-130.

II. *Fonds latin. Catalogus codicum manuscriptorum* (Paris, 1739-1744, t. III et IV) ; L. Delisle, *Inventaire des manuscrits latins* (8823-18613), faisant suite à ceux dont le catalogue a été publié en 1744 (Extrait de la *Bibl. de l'Ec. des Chartes*, années 1863 et suiv.) ; L. Delisle, *Inventaire des manuscrits latins* insérés au fonds des nouvelles acquisitions du 1er août 1871 au 1er mai 1874 (Extrait de la *Bibl. de l'Ec. des Chartes*, 1874, t. XXXV, pp. 76-92) ; U. Robert, *Inventaire des manuscrits latins* insérés au fonds des nouvelles acquisitions du 1er mai 1874 au 31 déc. 1881, dans le *Cabinet historique*, 1882, t. XXVIII, pp. 52, 164, 293. Un catalogue manuscrit du nouveau fonds latin et des nouvelles acquisitions latines par ordre alphabétique de noms d'auteurs et de matière, est à la disposition des lecteurs.

III. *Fonds grec*. B. de Montfaucon, *Bibliotheca Coisliniana olim Segueriana, seu manuscriptorum græcorum quæ in ea continentur descriptio* (Paris, 1715, in-fol.) ; *Catalogus codicum bibliothecæ regiæ* (Paris, 1739-1744, t. II) ; Bordier, *Description des peintures et autres ornements contenus dans les manuscrits grecs* (Paris, 1885, in-4) ; H. Omont, *Inventaire sommaire des manuscrits du supplément grec* (Paris, 1883, in-8) ; H. Omont, *Inventaire sommaire des manuscrits grecs*. 1re partie : Ancien fonds grec. Théologie (Paris, 1886, in-8) ; 2e partie : Droit, Histoire, Sciences (Paris, 1888, in-8).

IV. *Fonds en diverses langues européennes.* E. de Ochoa, *Catalogo de los manuscritos españoles existentes en la biblioteca real de Paris* (Paris, 1844, in-4) ; Père Martinof, *les Manuscrits slaves de la bibliothèque impériale* (Paris, 1858, in-8) ; A. Morel-Fatio, *Catalogue des manuscrits espagnols et portugais* (Paris, 1881, 1 liv. in-4) ; la seconde livraison ne tardera pas à paraître ; G. Raynaud, *Inventaire sommaire des dépêches des ambassadeurs vénitiens, relatives à la France, déposées au département des manuscrits* (Paris, 1878, in-8. Extrait du *Cabinet historique*, 1878, t. XXIV, II, pp. 259-266) ; G. Raynaud, *Inventaire des manuscrits italiens qui ne figurent pas dans le catalogue de Marsand* (Paris, 1881, in-8. Extrait du *Cabinet historique*, 1881, t. XXVII, pp. 132, 225) ; G. Raynaud, *Catalogue des manuscrits anglais* (Paris, 1884, in-8. Extrait du *Cabinet historique*, 1883, t. XXVIII, pp. 573-593) ; G. Huet, *Catalogue des manuscrits néerlandais* (Paris, 1886, in-8) ; Gius. Mazzatinti, *Inventario dei manoscritti italiani delle biblioteche di Francia*, vol. I et II ; *Manoscritti italiani della biblioteca nazionale di Parigi* (Roma, 1886-1887, in-8) ; Olaf Skaebne (H. Omont), *Catalogue des manuscrits danois, islandais, norvégiens et suédois* (Paris, 1887, petit in-8).

V. *Collections de province.* L. Delisle, *Notice sur des collections manuscrites de la Bibliothèque nationale* (S. l. n. d.), in-8 de 54 pages (Extrait de la *Bibl. de l'Ec. des Chartes*, 1871, t. XXXII, pp. 237-290). Cette notice comprend les collections relatives à l'histoire des provinces de Bourgogne, Bretagne, Champagne, Flandre, Languedoc, Lorraine, Périgord, Picardie, Touraine et Vexin ; *Documents ecclésiastiques concernant la Bretagne*, col. 1096-1120 des *Inventaires sommaires* de Migne, dont il a été parlé plus haut.

VI. *Collections diverses.* *Table des portefeuilles de Fontanieu* dans la *Bibliothèque historique* du père Lelong (édit. 1768-78, t. IV, 2e partie, pp. 1-11) ; L. Delisle, *Notice sur des collections manuscrites de la Bibliothèque nationale* (Baluze, Bréquigny et Brienne dans la *Bibl. de l'Ec. des Chartes*, 1874, t. XXXV, pp. 266-285) ; A. Molinier, *Inventaire sommaire de la collection Joly de Fleury* (Paris, 1881, in-8. Extrait du *Cabinet historique*, 1879, 1880, 1881, t. XXV, XXVI et XXVII) ; L. Delisle, *Inventaire sommaire de la collection Dupuy*, dans le *Cabinet historique*, 1882, t. XXVIII, pp. 527-555 ; G. Demay, *Inventaire des sceaux de la collection Clairambault* (Paris, 1885-1886, 2 vol. in-4) ; Flandrin, *Inventaire des pièces dessinées ou gravées, relatives à l'histoire de France, conservées dans la collection Clairambault sur l'ordre du Saint-Esprit* (Paris, 1887, 1 vol. in-8) ; U. Robert, *Catalogue du fonds Saint-Esprit dans la collection Clairambault*, dans le *Cabinet historique*, t. XVII (1871), 1er art. — t. XXVI (1880), 18e art.

VII. *Cabinet des titres*. L. Paris, *Indicateur de l'armorial général dressé en vertu de l'édit de 1696 par Charles d'Hozier* (Paris, 1876, in-8) (Extrait du *Cabinet historique*) ; U. Robert, *Inventaire sommaire des nouvelles collections de titres originaux de la Bibliothèque nationale* (Paris, 1877, in-8. Extrait du *Cabinet historique*, 1877, t. XXIII, II, pp. 1, 100) ; U. Robert, *Indicateur des armoiries des villes, bourgs, villages, monastères, etc., etc., contenues dans l'armorial général de d'Hozier* (Paris, 1879, in-8. Extrait du *Cabinet historique*, 1879, t. XXV).

VIII. *Fonds orientaux*. Et. Fourmont, *Catalogus librorum bibliothecæ regiæ sinicorum*, pp. 345-516 de sa *Linguæ Sinarum... grammatica* (Paris, 1742, in-fol.) ; Alexandre Hamilton et L. Langlès, *Catalogue des manuscrits sanskrits* (Paris, 1807, in-12) ; *Catalogue des livres imprimés et manuscrits composant la bibliothèque de M. Eugène Burnouf* (Paris, 1854, in-8) ; les manuscrits, au nombre de deux cent dix-huit, pour la plupart en dialectes indiens, ont été acquis en 1854 par la Bibliothèque, ils figurent aux pp. 321-353 de ce catalogue ; *Catalogue des manuscrits hébreux et samaritains* (Paris, 1866, in-4) ; Zotenberg, *Catalogue des manuscrits syriaques et sabéens (mandaïtes)* (Paris, 1874, in-4) ; Zotenberg, *Catalogue des manuscrits éthiopiens (gheez et amharique)* (Paris, 1878, in-4) ; L. Feer, *List of Pâli mss. in the bibl. nat. Paris* dans *Journal of the Pali Text Society* (Londres, 1882, in-8) ; *Catalogue des manuscrits arabes* (Paris, 1883, in-4, 1re livr.) ; marquis de Croisier, *Notice des manuscrits siamois* (Paris, 1887, in-8) ; L. Feer, la *Collection Hennecart* (Paris, 1877, in-8. Extrait du *Journal asiatique*, fév.-mars 1877).

Nous ne croyons pas devoir ajouter à cette longue liste l'indication de quelques autres catalogues ou inventaires manuscrits dont certaines collections ont été l'objet. Il est facile pour le lecteur de se renseigner et d'en avoir communication. Nous nous contenterons de signaler, sans en donner le détail, les différents dépouillements qui ont été publiés par M. L. Paris, dans le *Cabinet historique*. On trouvera à l'art. *Paris, Bibliothèque nationale*, pp. 26-31 de l'*Etat des catalogues des manuscrits des bibliothèques de France*, mis par M. U. Robert à la suite de l'introduction de son *Inventaire sommaire des manuscrits des bibliothèques de France* (Paris, 1879, in-8), l'indication de travaux, sur les manuscrits de divers établissements ou de diverses collections, qu'il n'entre pas dans notre sujet d'indiquer ici. Nous ne voulons pas toutefois manquer au devoir de signaler l'ouvrage monumental que M. L. Delisle a consacré au *Cabinet des manuscrits* (Paris, 1868-1881, 3 vol. in-fol. et un atlas de 51 planches in-4). Nul n'a parlé des collections de ce département avec une érudition plus étendue et plus sûre. Personne, d'ailleurs, ne les a jamais mieux connues et ne s'est consacré, avec plus de dévouement, à la tâche ingrate de faire profiter les savants des trésors qu'elles contiennent. Son nom figure trop souvent parmi les auteurs de catalogues, dans la liste que nous venons de donner, pour que nous ayons besoin d'insister.

§ 3. Département des Médailles.

François Ier est, semble-t-il, le premier des rois de France qui ait songé à se créer une collection de gemmes et de médailles. Il en fit rechercher à grands frais et employa des artistes italiens, attirés à sa cour, à graver des camées et des intailles dans le goût antique. Un « certain bijou de vermeil doré fait en manière de livre », conservé encore au commencement du XVIIIe siècle, dans le garde-meuble de la couronne, passait, au témoignage du P. du Molinet, pour lui avoir servi à enfermer sa collection. Henri II et Catherine de Médicis la continuèrent. Charles IX eut l'idée d'en faire un musée ; il la retira de Fontainebleau et la fit déposer au Louvre, dans une pièce préparée à cet effet. Il créa en même temps la charge de garde particulier du cabinet des médailles. Les antiquités ainsi réunies furent malheureusement dispersées pendant les troubles des guerres de religion et de la Ligue. Henri IV, aidé par un gentilhomme provençal, Rascas de Bagarris, s'occupa bien de reconstituer cette collection, mais la mort vint brusquement l'arrêter au milieu de ses projets. Le cabinet de Bagarris, l'un des plus remarquables du XVIIe siècle, fut acheté en 1660 par Lauthier et par Henri de Loménie. C'est Louis XIV qui doit, en somme, être regardé comme le véritable fondateur du cabinet des médailles. Il fit réunir au Louvre tout ce qu'il put trouver dans les maisons royales de médailles et d'antiquités éparses. Le legs de Gaston d'Orléans augmenta la collection d'un grand nombre de médailles et de pierres gravées. La charge de garde ou maître du cabinet du Louvre fut réunie pour Colbert avec celle de garde de la Bibliothèque du roi. En 1666, le cabinet des médailles fut transféré rue Vivienne, dans les bâtiments de la Bibliothèque. Il y resta jusqu'en 1684. Louvois le fit alors transporter à Versailles « près de l'appartement de Sa Majesté qui prenait plaisir à y venir presque chaque jour au sortir de la messe ». En 1741, il fut replacé à la Bibliothèque où il est toujours resté depuis. Les pierres gravées, qui, seules, avaient été laissées à Versailles, n'y furent portées qu'en 1791. Le cabinet des médailles fut alors installé dans les anciens appartements de la marquise de Lambert. La salle qu'on lui attribua se trouvait placée au-dessus de l'arcade Colbert ; elle était décorée avec beaucoup de luxe. On y voyait en particulier les tableaux de Vanloo, de Natoire et de

Boucher qui sont aujourd'hui dans la salle de travail des manuscrits et dans le vestibule qui précède les bureaux de l'administration.

Nous ne pouvons que citer les principales collections entrées successivement au cabinet des médailles ; l'espace nous manque pour en faire connaître la nature et la valeur. Ce fut, en 1669, la collection de Pierre Seguin, en 1670 celle de Lauthier d'Aix, puis celles de Tardieu, du comte de Brienne, de Sère, de Mahudel (1727), de Le Charron, de Trouenne, du duc de Verneuil, d'Oursel, de Monjeux, de Harlay, du marquis de Beauvau (1750), de M. de Cary (1755), du comte de Caylus (1755) et enfin de Pellerin (1776) la plus riche qu'on eût encore formée.

La Révolution fit arriver au cabinet des médailles les collections des maisons religieuses de Paris. Celle de l'abbaye de Sainte-Geneviève commencée par le P. du Molinet avec les débris du cabinet de Peiresc et celle de Saint-Germain-des-Prés formée par Montfaucon méritent d'être citées.

Le XIXe siècle a été marqué par l'acquisition des collections de Florès, de Cailliaud, de Cousinéry (1821), de Rollin (1826), de Caldavène, d'une partie de celle d'Allier de Hauteroche (1829) et enfin de celle de M. le duc de Luynes (1862). Cette dernière collection est la plus remarquable qu'un particulier ait jamais formée ; elle constitue peut-être « le plus riche présent archéologique qui ait jamais été fait à un musée ». L'exemple donné par M. le duc de Luynes n'a pas été perdu. M. le vicomte de Janzé a fait don, en 1865, de la plus grande partie des antiquités qu'il avait réunies et Napoléon III a envoyé, en 1869, les célèbres médaillons d'or connus sous le nom de *Trésor de Tarse*. Il y a à signaler, pour la période la plus rapprochée de nous, les dons d'Oppermann, du baron d'Ailly et du baron Jean de Witte, et les acquisitions, en 1872, des monnaies gauloises de Saulcy et en 1887, à la vente des monnaies romaines de M. le vicomte de Ponton d'Amécourt, d'un certain nombre de monnaies d'or exceptionnellement rares et remarquables.

Voici la liste des catalogues qui ont été publiés jusqu'à

ce jour : *Notice des monuments exposés dans le cabinet des médailles* (Paris, 1819, in-8 et 1828, in-8) ; *Départ. des médailles. Description sommaire des monuments exposés* (Paris, 1867, in-8) ; Marion-Dumersan, *Histoire du cabinet des médailles et description des objets exposés* (Paris, 1838, in-8) ; A. Duchalais, *Description des médailles gauloises de la Bibliothèque royale* (Paris, 1846, in-8) ; A. Chabouillet, *Catalogue général et raisonné des camées et pierres gravées de la Bibliothèque impériale* (Paris, 1858, in-8) ; H. Lavoix, *Catalogue des monnaies musulmanes ; Khalifes orientaux* (Paris, 1887, gr. in-8) ; E. Babelon, *le Cabinet des antiques à la Bibliothèque nationale*, 1887, 1re liv. in-fol.

§ 4. Département des Estampes.

Les détails que nous avons donnés plus haut sur l'histoire de la Bibliothèque nationale n'ont porté, à peu de chose près, que sur les accroissements successifs du département des manuscrits et du département des imprimés. Nous avons réservé ce qui concerne le département des estampes pour le grouper ici. La collection de Michel de Marolles, dont le roi fit l'acquisition en 1667, ne comprenait pas moins de cent vingt-trois mille quatre cents pièces. Elle a servi de premier fonds au cabinet des estampes. Trois ans après, en 1670, on y ajoutait les planches gravées pour le recueil connu sous le nom de *Cabinet du roi*. Nicolas Clément, qui a rendu à la Bibliothèque de si grands services par les travaux de catalogue et d'inventaire auxquels il s'est consacré avec un zèle infatigable, lui laissa, en mourant, en 1712, sa collection de portraits qui se composait de plus de dix-huit mille pièces. Pendant le XVIIIe siècle, les acquisitions du cabinet des estampes furent assez nombreuses. En 1716, il reçut la collection de dessins et d'estampes donnée par Gaignières ; en 1731, celle de plus de quatre-vingt mille pièces qu'Henry de Beringhen, premier écuyer du roi, avait formée avec les produits les plus remarquables de la gravure à son époque ; en 1753, celle de Lallemand de

Betz, connue sous le nom de collection d'Uxelles, qui comprenait une série de portraits et une suite de costumes et de pièces topographiques et géographiques ; en 1764 et 1765, la meilleure partie de la collection de dessins archéologiques du comte de Caylus ; en 1770, celles de Fevret de Fontette sur l'histoire de France et de Michel Bégon sur l'histoire et l'étude de la gravure en France ; en 1775, une partie de la collection de Mariette et enfin, en 1795, cinquante-deux volumes ayant appartenu au ministre Bertin et contenant une précieuse collection de pièces sur la Chine. Pour le XIXe siècle, nous avons à signaler l'acquisition, en 1811, de 2,750 pièces (projets, plans, mémoires, etc.) de l'architecte Robert de Cotte et, à la vente du cabinet de Silvestre, de 2,831 estampes dont 970 de la fin du XVe siècle et du commencement du XVIe ; en 1819, de 1,408 dessins d'après des monuments antiques et des monuments de l'époque byzantine recueillis en Italie par Millin ; en 1820, de 7,470 pièces topographiques provenant de la collection de l'abbé de Tersan et de celle de Morel de Vindé ; en 1845 et en 1863 des collections formées par Laterrade sur la Révolution française, l'Empire et la Restauration ; en 1854, des 65,000 portraits de la collection Debure ; en 1858, de la collection Dévéria et enfin, en 1863, de celle de Hennin qui ne comprend pas moins de 16,230 pièces sur l'histoire de France. La plupart de ces collections ont été fondues dans les diverses séries qui forment aujourd'hui le département des estampes. Ces séries ont été établies d'après la méthode recommandée par le baron de Heineken dans son *Idée d'une collection d'estampes*. On a mis d'un côté l'œuvre des artistes peintres, sculpteurs, architectes ou graveurs, et de l'autre les estampes distraites de l'œuvre des maîtres et rapprochées selon la nature des objets ou des sujets représentés. Un système de reliure mobile, adopté depuis 1848, permet de faire des intercalations et de communiquer sans retard au public les estampes qui arrivent. On trouvera, dans un rapport de M. G. Duplessis, conservateur du département des estampes, publié dans le *Bulletin des bibliothèques et des archives* de 1885, p. 122, l'indication du cadre de classement actuellement suivi.

Voici la liste des catalogues publiés jusqu'à ce jour : La deuxième partie du t. IV de l'édit. de 1768-78 de la *Bibliothèque historique* du P. Lelong contient les tables suivantes : 1° *Table du recueil d'estampes de M. de Fontette*, pp. 11-109 ; 2° *Table du recueil de portraits de Gaignières*, pp. 110-134 ; 3° *Liste alphabétique de portraits qui sont tant à la Bibliothèque du roi que dans le cabinet de M. de Fontette*, pp. 134-285 ; *Catalogue des volumes d'estampes dont les planches sont à la Bibliothèque du roy* (Paris, 1743, in-fol.) ; Duchesne, *Notice des estampes exposées* (Paris, 1837, in-8 et 1855, in-8) ; vicomte Henri Delaborde, *le Département des estampes à la Bibliothèque nationale. Notice historique suivie d'un Catalogue des estampes exposées* (Paris, 1875, in-8) ; G. Duplessis, *Inventaire de la collection Michel Hennin* (Paris, 1878-1882, 5 vol. in-8) ; G. Duplessis, *Catalogue de la collection de pièces sur les beaux-arts recueillie par P.-J. Mariette, Ch.-N. Cochin et M. Deloynes* (Paris, 1881, in-8. Extrait du *Cabinet historique*, 1880, t. XXVI.) ; H. Bouchot, *les Portraits au crayon des* XVIe *et* XVIIe *siècles conservés à la Bibliothèque nationale. Notice et catalogue* (Paris, 1884, in-8) ; H. Bouchot, *Notice sur la vie et les travaux d'Et. Martellange suivie du Catalogue de ses dessins* (Paris, 1886, in-8. Extrait de la *Bibl. de l'Éc. des Chartes*, 1886) ; H. Bouchot, *Inventaire des dessins et estampes relatifs au département de l'Aisne légués par M. E. Fleury* (Paris, 1887, in-8) ; Flandrin, *Inventaire des pièces dessinées ou gravées, relatives à l'histoire de France, conservées dans la collection Clairambault sur l'ordre du Saint-Esprit* (Paris, 1887, in-8). Cette collection se trouve au département des manuscrits, mais nous en indiquons ici le catalogue, parce qu'il porte sur les dessins seulement.

III. BATIMENTS, DÉPOT LÉGAL, BUDGET, ETC.

A cette revue des quatre départements dont se compose la Bibliothèque nationale nous devons ajouter quelques renseignements généraux qui n'ont pu régulièrement trouver place dans notre exposé. Reprenons d'abord, au point où nous l'avons laissée, l'histoire des bâtiments qu'elle occupe. Nous avons vu que Colbert l'avait transportée, en 1666, de la rue de La Harpe dans une de ses maisons de la rue Vivienne ou plutôt Vivien, comme on disait alors. Cette maison devint bientôt insuffisante ; elle ne présentait pas d'ailleurs toute la solidité désirable. Les planchers pliaient sous le poids des livres et les murs offraient si peu de résistance qu'il avait fallu les étayer. L'hôtel de Nevers, dans la rue de Richelieu, étant devenu libre en 1721 à la suite de la ruine de la fameuse banque de Law, l'abbé Bignon le demanda immédiatement pour y installer la Bibliothèque du roi. Il fut assez heureux pour l'obtenir. On ne perdit pas un seul instant. L'arrêt du conseil qui autorisa cette affectation est du 13 sept. 1721 et c'est le 1er oct. que commença le transport des manuscrits.

Le nom d'hôtel de Nevers avait été donné à toute la partie du palais de Mazarin qui était échue au marquis de Mancini, le mari de la nièce du cardinal. Le palais Mazarin se composait de l'ancien hôtel de Charles Duret, seigneur de Chivry, élevé à l'angle de la rue de Richelieu et de la rue des Petits-Champs, de l'ancien hôtel Tubeuf, encore existant, élevé en 1633 par Pierre Lemuet, à l'angle de la rue des Petits-Champs et de la rue Vivienne, et du bâtiment appelé galerie Mazarine que le cardinal avait fait construire par Mansard. La galerie voûtée du rez-de-chaussée reçut des œuvres de sculpture et la galerie Mazarine proprement dite, au premier étage, fut occupée par des collections de meubles, de tapisseries et de tableaux. Les peintures de la voûte avaient été exécutées, en 1641, par Romanelli et Grimaldi. L'hôtel de Chivry était mitoyen avec l'hôtel Tubeuf et servait de communs au cardinal. La bibliothèque de Mazarin était placée dans les bâtiments qu'il avait fait construire, en 1650, le long de la rue de Richelieu, jusques et au delà de la rue Colbert, qui, de ce côté, se trouvait passer sous une arcade dont on voit encore les amorces. Cette partie des bâtiments, restée vide après le transport de la bibliothèque de Mazarin au collège des Quatre-Nations, fut cédée par le duc de Nevers en 1698, à la marquise de Lambert. En 1719, Law avait acheté pour un million, des héritiers du cardinal, la totalité du palais et avait installé dans l'ancien hôtel Tubeuf les bureaux de la Compagnie des Indes. Il avait décidé la prolongation de la galerie Mazarine jusqu'à la rue Colbert, mais les travaux qu'il fit commencer ne furent pas poussés bien loin.

L'hôtel de Nevers, dans lequel fut installée la Bibliothèque, comprenait donc tous les bâtiments longeant la rue de Richelieu, à l'exception des appartements de la marquise de Lambert, et l'ancien hôtel de Chivry. Le trésor public et l'administration centrale des finances furent installés dans l'ancien hôtel Tubeuf et y restèrent jusqu'en 1826. La galerie Mazarine fut affectée à la Bourse de Paris qui n'entra en possession de son nouveau local qu'en 1825. Les travaux commencés par Law furent repris sous la direction de l'architecte Robert de Cotte. On songea en même temps à construire du côté de la rue Colbert une galerie, pour relier les bâtiments dont nous venons de parler à ceux de la rue de Richelieu; mais la marquise de Lambert s'opposa à l'exécution de ce projet. On dut attendre sa mort (1733) pour le reprendre. C'est en 1745 seulement que Jules Robert de Cotte, fils du précédent, put faire construire le pavillon qui longe la rue Colbert. Ce pavillon ne présentait plus, dans ces dernières années, d'assez bonnes garanties de solidité; il a été démoli, mais la façade refaite en 1878 n'est qu'une copie de l'ancienne. Le fronton, qui en était la partie la plus remarquable, a été soigneusement reproduit. On a en même temps sculpté un bas-relief moderne dans le fronton entièrement nu du bâtiment élevé par Robert de Cotte. La salle où se trouvent encore placés les deux énormes globes de Coronelli, faits pour le cardinal d'Estrées et offerts par lui à Louis XIV, en 1683, fut construite en 1731 pour les recevoir ; ils étaient restés jusque-là au château de Marly.

Les travaux qui ont été exécutés à la Bibliothèque de 1854 à 1875 sous la direction de M. Labrouste et depuis 1875 sous celle de M. Pascal en ont complètement changé l'aspect. En 1854, on a refait les murs de l'ancien hôtel Tubeuf donnant sur le jardin ; en 1855, on a restauré la façade de la galerie Mazarine et démoli le mur et les arcades qui longeaient la rue Vivienne. On a approprié la même année ce qui restait des arcades de l'ancienne Bourse pour y installer les bureaux de l'administration. En 1857, on a préparé les appartements actuels du directeur ; en 1859, on a démoli rue des Petits-Champs et rue de Richelieu l'ancien hôtel de Chivry et construit sur son emplacement la salle dite de Labédoyère et la rotonde d'angle qu'on a quelquefois appelée pavillon Voltaire ; en 1860, on a commencé l'installation des premiers égouts de la Bibliothèque pendant qu'on poursuivait la construction des bâtiments qui longent la rue de Richelieu ; en 1863, on travaillait déjà au magasin central. La grande salle de travail fut ouverte au public le 16 juin 1868. Le ravalement des façades des travaux neufs poussés jusqu'à la rue Colbert fut terminé en 1873. Le comble qui va de la rotonde à la rue Colbert a 175 mètres de longueur. Le rez-de-chaussée de la galerie construite par Robert de Cotte est maintenant occupé par les bureaux de l'administration et par le cabinet de l'administrateur général. La grande salle du premier est devenue la salle de travail du département des manuscrits qui a été ouverte au public dans les derniers mois de 1887. La grande porte d'entrée qui donne sur la rue de Richelieu et le square Louvois vient d'être terminée ; elle a été ouverte au public le 22 mai 1888. On se préoccupait depuis longtemps d'isoler la Bibliothèque et de lui donner, en expropriant les maisons particulières qui existaient encore rue Vivienne et rue Colbert, tout le terrain compris entre ces deux rues et les rues de Richelieu et des Petits-Champs. Les plans des divers architectes, qui se sont depuis cinquante ans succédé à la Bibliothèque, en ont toujours comporté l'utilisation. Les premières estimations d'immeubles remontent à 1838 et à 1846. Le projet a été repris, il y a dix ans, et mené cette fois à bonne fin. Les dernières opérations du jury d'expropriation ont eu lieu en mai 1882 (Cf. *Gazette des Tribunaux* des 21 et 26 mai). Toutes les maisons, dont le voisinage constituait un danger pour la Bibliothèque, ont été démolies. Elle va donc pouvoir occuper maintenant tout le terrain compris entre les quatre rues dont nous venons de donner le nom, et faire bâtir de nouveaux locaux pour recevoir ses collections déjà trop à l'étroit. Pour diminuer l'encombrement, on a songé à lui donner en dehors de Paris une succursale dans laquelle elle pourra déposer les volumes de peu d'intérêt, comme les éditions successives d'un même roman et celles non moins nombreuses des paroissiens et des livres de piété ou de classe. Une somme de 6,000 fr. pour le personnel et de 2,000 fr. pour le matériel a été inscrite au budget de 1888, dans le but d'en créer une à Fontainebleau.

La Bibliothèque nationale s'enrichit par le dépôt légal, par les dons et par les achats. Une certaine somme pour les acquisitions est mise, en effet, tous les ans, à la disposition de chaque département. Le département des imprimés peut ainsi acquérir presque tous les ouvrages importants qui se publient à l'étranger. Le dépôt légal fait entrer chaque année à la Bibliothèque plus de vingt mille volumes, mais il ne profite, nous avons à peine besoin de le dire, qu'aux départements des imprimés et des estampes et à la section des cartes et plans. Son institution remonte à François Ier.

M. G. Picot a publié récemment les lettres patentes de ce roi qui l'établissent (*Le Dépôt légal et nos Collections nationales;* Paris, 1883, in-8. Extrait des *Comptes rendus des séances de l'Académie des sciences morales*, avr.-mai 1883, pp. 632-650; ce travail a d'abord paru dans la *Revue des Deux-Mondes*, 1er fév. 1883, p. 622-633). Les dispositions contenues dans ces lettres patentes, n'ont malheureusement pas été suivies avec exactitude. Le dépôt légal n'a pas tardé d'ailleurs à changer de caractère et à devenir le prix de la concession par le roi de privilèges de publication.

Le fonctionnement du dépôt légal n'a jamais été bien régulier sous l'ancien régime. La loi du 3 juil. 1881 (art. 3 et 4), qui le régit aujourd'hui, présente de très graves lacunes qu'il serait urgent de faire disparaître. Elle ne s'occupe, en effet, que de l'imprimé et non pas du livre, de l'ouvrage tel qu'il est mis en vente; de telle sorte que l'imprimeur peut se contenter de déposer les feuilles tirées, avant même de les avoir envoyées chez le brocheur. C'est malheureusement ce qui arrive en plus d'un cas. De plus, cette loi ne prévoit pas l'impression de deux parties d'un même ouvrage dans deux villes différentes, et ne dit rien du papier et des conditions plus ou moins bonnes du tirage. Il en résulte que certains imprimeurs font le dépôt par fractions et envoient souvent de très médiocres exemplaires. On cite de nombreux cas de volumes envoyés sur papier d'épreuves tandis que l'édition est tirée sur papier de Hollande. Les inconvénients qui résultent de cet état de choses pour les cartes et les gravures sont bien plus grands encore. Le législateur a eu le tort de ne s'adresser qu'à l'imprimeur et de laisser l'éditeur tout à fait de côté.

Un décret de la Convention du 30 mars 1795, rendu grâce aux efforts et à l'influence de Langlès, institua à la Bibliothèque nationale l'*Ecole des langues orientales vivantes*. Les cours commencèrent, le 22 juin 1796, dans « une sorte de hangar, éclairé d'une manière insuffisante par d'étroites fenêtres dans une petite cour, du côté de la rue Neuve-des-Petits-Champs ». En 1833, ce misérable local fut abandonné et les leçons se firent dans l'une des pièces occupées jusque-là par les bureaux de l'indemnité de Saint-Domingue. L'Ecole des langues orientales est restée à la Bibliothèque jusqu'à la fin de 1868. Elle s'est alors établie dans l'appartement inoccupé de l'administrateur du Collège de France et ne l'a quitté qu'en 1873, pour s'installer rue de Lille, dans l'hôtel laissé vacant par l'Ecole du génie maritime.

L'ordonnance royale du 22 févr. 1821, qui institua l'*Ecole des Chartes*, plaça aussi à la Bibliothèque l'un des deux cours qui devaient être faits aux élèves. L'art. 5 de cette ordonnance mit, en outre, les professeurs et les élèves sous l'autorité du conservateur des manuscrits et sous celle du garde général des archives, où se faisait le second cours. L'ordonnance du 11 nov. 1829 a modifié l'enseignement de l'Ecole des Chartes, mais elle a conservé à la Bibliothèque un cours supérieur d'une durée de deux ans, pendant lequel les élèves devaient recevoir une pension de 800 fr. et participer « aux travaux d'ordre et de classification ». Ce cours y est resté jusqu'en 1846. L'ordonnance du 31 déc. 1846, qui a définitivement réorganisé l'Ecole des Chartes, l'a transportée avec tous ses services au palais des Archives. Nous avons tenu à mentionner la fondation à la Bibliothèque de l'Ecole des langues orientales et l'établissement temporaire d'un cours pour les élèves de l'Ecole des Chartes, avant de signaler le cours d'archéologie qui s'y fait aujourd'hui encore. Son institution remonte, à 1824. Raoul Rochette en a été le premier professeur (1824-1854). Sa chaire a été occupée depuis par Beulé (1854-1874), François Lenormant (1874-1883), et Olivier Rayet (1883-1887). M. K. Wescher a succédé à M. Rayet le 1er mars 1887.

La photographie a rendu dans ces dernières années de tels services à l'archéologie et à la paléographie qu'il a fallu songer à en faciliter l'emploi à la Bibliothèque nationale. Un atelier de photographie y a été installé en 1880 et il ne se passe pas de jour sans qu'il ne soit fait de demande en vue d'une reproduction. Tous les départements sont mis à contribution, mais le département des estampes est celui auquel on s'adresse le plus souvent.

Nous signalerons encore, mais sans nous y arrêter, les différentes expositions permanentes qui sont faites par les quatre départements. Le visiteur peut se procurer pour chacune d'elles une notice des objets exposés. On profite aussi de certaines occasions pour organiser des expositions temporaires. Ainsi en 1875 la *section des cartes et plans*, dont on ne connait généralement pas assez la richesse, a exposé dans la galerie Mazarine un bon nombre de cartes et de plans de Paris (Cf. L. Pannier, *Note sur les cartes et plans de Paris exposés dans la galerie Mazarine* (Paris, 1875, in-8. Extrait du *Bulletin de la Société de l'histoire de Paris et de l'Ile de France*, juil.-août 1875). Le second centenaire de Corneille en 1884 a fourni l'occasion d'exposer dans la salle du Parnasse français toute une série d'estampes et de livres relatifs au grand poète. (Cf. *Notice des objets exposés à l'occasion du second centenaire de Corneille*; Paris, 1884, in-8). Enfin, on a ouvert en avr. 1888, dans cette même salle, une exposition des plus beaux et des plus précieux manuscrits des fonds Libri et Barrois récemment acquis. (Cf. *Notice d'un choix de manuscrits des fonds Libri et Barrois exposés dans la salle du Parnasse français*, avr. 1888; Paris, 1888, in-8).

D'après le décret du 17 juin 1885 le personnel de la Bibliothèque comprend : 1° des conservateurs dont le nombre ne peut excéder celui des départements; 2° des conservateurs adjoints, huit au maximum; 3° des bibliothécaires partagés en six classes; 4° des sous-bibliothécaires divisés en quatre classes; 5° des stagiaires; 6° des commis et 7° des ouvriers et gagistes. Un administrateur général est chargé de diriger l'ensemble des services. La salle publique de lecture de la rue Colbert et la salle de travail du département des imprimés sont ouvertes de 9 h. à 4 h. en hiver et jusqu'à 6 h. en été; les salles de travail des autres départements sont ouvertes tous les jours, à l'exception des dimanches et jours fériés, de 10 h. à 4 h. Toutes les salles d'exposition sont ouverte. de 10 h. à 4 h. les mardi et vendredi de chaque semaines La Bibliothèque est fermée tous les ans du dimanche de la Passion au lundi de Pâques. Nous voilà bien loin du temps où le *Mercure de France* (nov. 1692), annonçait que M. l'abbé de Louvois, voulant rendre la Bibliothèque utile au public, avait résolu de l'ouvrir deux jours par semaine et que le jour de cette ouverture il avait régalé plusieurs savants d'un « magnifique repas ». Ce ne fut encore là qu'une tentative, car l'ouverture régulière de la Bibliothèque ne fut réglée qu'en 1720 par un arrêt du conseil du 11 oct. Il est sans intérêt pour nous de suivre les variations de ce premier règlement. Le nombre des lecteurs n'a pas cessé d'augmenter ; il est aujourd'hui fort considérable et il s'accroît encore tous les jours. Pour la seule salle de travail des imprimés, il a été en 1868 de 23,675, en 1878 de 54,008 et en 1884 de 71,932. Ce dernier chiffre sera certainement dépassé en 1888 et de beaucoup par suite de la prolongation des heures d'ouverture. Ainsi le nombre des bulletins de demande qui avait été de 8,621 pendant les deux semaines qui ont suivi les vacances de Pâques de 1887 (ouverture de 10 h. à 4 h.), a été de 11,434 pendant les deux semaines qui ont suivi les vacances de Pâques de 1888 (ouverture de 9 h. à 6 h.). M. Delisle évalue dans son rapport du 3 juin 1885, d'après les calculs les moins exagérés, à environ 2,200,000 le nombre des volumes ou des pièces imprimées possédés par la Bibliothèque et à 34,024 m. (34 kil. environ), la longueur des tablettes qu'ils occupent. Le nombre des volumes du département des manuscrits qui était au 1er mai 1876 de 91,700 ne doit pas être inférieur aujourd'hui à 97,000. Un relevé approximatif des collections du département des médailles fait en 1873 indiquait au total 143,000 pièces. De nombreuses acquisitions ont été faites depuis. On peut évaluer à 2,500,000 le nombre des pièces actuellement conservées au département des estampes. La Bibliothèque nationale est inscrite au budget de 1888 pour une somme répartie ainsi qu'il suit : Personnel, 406,000 fr. ; matériel, 272,000 fr. ; catalogue, 80,000 fr.

La Bibliothèque nationale a compté parmi ses gardes ou maîtres de la librairie, ses conservateurs ou ses bibliothécaires, un grand nombre d'érudits et de savants. Nous nous contenterons de citer parmi eux : Gilles Malet, Robert Gaguin, Guillaume Petit, Jacques Lefèvre d'Etaples, Guillaume Budé, Mellin de Saint-Gelais, Jacques Amyot, J. Aug. de Thou, Isaac Casaubon, François de Thou, Nicolas Rigault, Jérôme Bignon, Pierre et Jacques Dupuy, Nicolas Clément, J. Boivin, M. Thévenot, M. Fourmont, l'abbé Bignon, Van Praet, Legrand d'Aussy, La Porte du Theil, Millin, Dacier, Letronne, Jomard, Naudet, Abel Rémusat, Silvestre de Sacy, Champollion-Figeac,

Guérard, Hase, Fauriel, Taschereau, Raoul Rochette, Devéria, Stanislas Julien, Berger de Xivrey, Paulin Paris et Nat. de Wailly.

BIBLIOGRAPHIE

Nous ne pouvons songer à donner l'indication de tous les ouvrages dans lesquels il est possible de trouver des renseignements sur la Bibliothèque nationale ou sur ses collections; la liste en serait trop longue. Nous allons donc nous borner aux travaux dont elle a été directement l'objet. Boivin avait fait des recherches qu'il allait utiliser lorsqu'il mourut. Il en avait entretenu l'Académie à plusieurs reprises (Cf. *Mémoires de l'Académie des Inscriptions. Histoire*, I, 310; II, 690; V, 350, 354). Son travail intitulé *Mémoire sur la bibliothèque du roi* nous a été conservé en original dans le manuscrit 1328 des nouv. acq. fr. et en copie dans le manuscrit français 22571. L'abbé Jourdain s'en est servi dans le *Mémoire historique sur la bibliothèque du roi* qu'il a publié en tête du tome I du catalogue de 1739. Le Prince en a tiré aussi parti dans son *Essai historique sur la bibliothèque du roi* publié en 1782, 1 vol. in-12. Cet Essai a été réédité et continué jusqu'en 1856 par M. Louis Paris. Le Prince avait préparé au commencement de ce siècle une seconde édition de son livre, dont M. Paris n'a malheureusement pas eu connaissance. Ce travail nous a été conservé en double exemplaire dans les manuscrits 479 et 500 des nouvelles acquisitions françaises. L'histoire de la Bibliothèque y est conduite jusqu'à la Restauration, et de nombreuses additions et corrections sont ajoutées à la partie ancienne (Cf. H. Omont, *l'Essai historique sur la bibliothèque du roi de Le Prince, sa 1re et sa 2e édit.* dans *Bulletin de la Société de l'Histoire de Paris*, sept.-oct. 1884, p. 139-146). — A. FRANKLIN, *Précis de l'histoire de la bibliothèque du roi*; Paris, 1875, 2e édit., in-8. — T. MORTREUIL, *la Bibliothèque nationale, son origine et ses accroissements*; Paris, 1878, in-8. — On trouvera des détails généraux sur les accroissements de la bibliothèque et les divers travaux de catalogue dans deux rapports de M. Delisle publiés en 1875 (*Bibl. de l'École des Chartes*, 1876, p. 62-111) et en 1876 (*Bibl. de l'École des Chartes*, 1877, p. 193-237).

Le département des imprimés n'a fait l'objet d'aucun travail d'ensemble. Nous devons signaler toutefois une notice de M. Delisle sur les *Anciens catalogues de livres imprimés de la Bibliothèque du roi* (*Bibl. des l'École des Chartes*, 1882, pp. 167-179) et son rapport du 3 juin 1885 sur le département des imprimés (*Bull. des bibl. et des archives*, 1885, p. 23-59). On trouvera des renseignements sur l'état actuel des inventaires et des catalogues dans un rapport lu par M. de Bourmont au *Congrès bibliographique* d'avr. 1888. Ce rapport sera imprimé dans le volume de *Comptes rendus* du Congrès.

Nous avons dit tout le cas qu'il fallait faire du *Cabinet des manuscrits* de M. L. Delisle; Paris, 1868-1881, 3 vol. in-4 et un atlas.

Le père du Molinet est le premier historien du cabinet des médailles; il a publié son travail dans le *Mercure de France* de mai 1719. Il faut voir surtout MARION-DUMERSAN, *Histoire du Cabinet des médailles*; Paris, 1838, in-8. et CHABOUILLET, *Recherches sur les origines du Cabinet des médailles*; Paris, 1874, in-8. Nous recommandons tout particulièrement la notice sur le cabinet des médailles que M. E. Babelon a mise en tête de son grand ouvrage intitulé *le Cabinet des antiques à la Bibliothèque nationale*, 1887, 1re livr. in-fol.

Le meilleur travail à consulter sur les estampes est celui du vicomte Henri de Laborde: *Le département des estampes. Notice historique*; Paris, 1875, in-8.

On trouvera des renseignements sur l'histoire des bâtiments occupés par la Bibliothèque dans l'ouvrage du comte Léon de Laborde, sur *le Palais Mazarin*, 1845, in-8, et dans celui de M. L. Labrouste, intitulé *la Bibliothèque nationale, ses bâtiments et ses constructions*; Paris, 1885, in-8.

TABLE

134. — Tours, Imp. E. Arrault et Cie.

www.ingramcontent.com/pod-product-compliance
Ingram Content Group UK Ltd.
Pitfield, Milton Keynes, MK11 3LW, UK
UKHW032004260826
14628UKWH00005B/2273

9 782019 670504